房地产渠道管理一本通

唐安蔚 编著

让你的渠道团队"狼性十足"

中国第一部房地产渠道管理著作
一部不讲理论只谈实践的工具书
众多品牌房企渠道总监联合推荐

中国建筑工业出版社

图书在版编目（CIP）数据

房地产渠道管理一本通 / 唐安蔚编著. —北京：中国建筑工业出版社，2015.9
ISBN 978-7-112-18364-7

Ⅰ.①房… Ⅱ.①唐… Ⅲ.①房地产管理–购销渠道 Ⅳ.①F293.33

中国版本图书馆CIP数据核字（2015）第183935号

移动互联网迅速崛起，改变了房地产业的传统推广模式，渠道营销迅速崛起，一线房企依靠特有的渠道模式迅速扩大市场份额，在房地产市场中表现不俗，并将彻底改变房地产营销的格局。本书详细讲述了房地产渠道管理为什么要做，怎么做，共分七章内容：房地产渠道团队的组建；房地产渠道拓客思路；房地产渠道拓客手法与技巧；房地产渠道与策划的结合；渠道的过程管控与结果管控；豪宅项目的渠道管理；商业项目的渠道管理。

本书适合房地产开发、营销、策划企业从业人员学习借鉴。

责任编辑：封　毅　毕凤鸣
书籍设计：京点制版
责任校对：张　颖　陈晶晶

房地产渠道管理一本通
唐安蔚　编著

*

中国建筑工业出版社出版、发行（北京西郊百万庄）
各地新华书店、建筑书店经销
北京京点图文设计有限公司制版
北京云浩印刷有限责任公司印刷

*

开本：787×1092毫米　1/16　印张：12½　字数：279千字
2015年10月第一版　2017年8月第五次印刷
定价：36.00元
ISBN 978-7-112-18364-7
（27623）

版权所有　翻印必究
如有印装质量问题，可寄本社退换
（邮政编码　100037）

编　　著：唐安蔚
特邀顾问：程仲良　范秋瑾
编委成员：曹晏溪　孙翔宇　林子文　孔建国　陈延涛
　　　　　　黄晓虞　司　哲　张　尧　孟建民　顾　军
　　　　　　王大江　王　丹　李　清　孙　丽　高　翔

前　言

房地产渠道，就是这么任性

2014年的某一天，我猛烈地意识到：做了十二年房地产营销工作的我，竟然不会卖房子了！

仿佛一夜之间，房地产领域发生了巨大的变化：移动互联网迅速崛起，改变了传统推广模式，改变了客户服务模式，更改变了传统的营销思维；渠道营销迅速崛起，碧桂园、恒大、融创等一线房企依靠特有的渠道模式迅速扩大市场份额，在低迷的房地产市场中表现不俗……于是，几乎每一家房企开始玩起了微信推广，开始创立了自己的渠道部，但绝大多数要么胎死腹中，要么东施效颦，钱花了不少但效果甚微，这让很多营销人百思不得其解，当然，我也位列其中。

好在进取心强的我有着攻城拔寨般的意志，两年来不断研究移动互联网和房地产渠道管理，移动互联网太高深，要继续修炼数年再做评述，但是我对房地产渠道管理却有了一些肤浅的心得，特意著成此书，期盼能为同行们所用。

什么是渠道？

这其实并不是什么新鲜的概念，事实上我们一直在做渠道工作，从传统的"媒介"、"通路"，到几年前流行的派单、驻点等行销动作，再到星河湾倡导的"跨界营销"等形式都属于渠道的范畴，而"渠道"这个名词真正走上房地产营销舞台并且发挥重要的作用是从2011年才开始的，因为从那一年开始，所有的一线房企都意识到"从终端找到客户"的重要性，并且在渠道形式上形成了各自独特的风格。

至今业内也无法对渠道进行统一的定义，但是基本上可以分为两种类型：线上渠道和线下渠道。线上渠道指的是轰炸式的各类媒介，而线下渠道则重点关注的是"精确打击"，本书将重点探讨线下渠道的拓展模式、方式和方法。

我们为什么要做渠道？

几年前，很多营销管理者耻于做渠道，认为渠道"粗暴式"的推广和销售动作会影响项目的高端调性，殊不知如今就连"绿城桃花源"这样几千万一栋的顶级豪宅项目依靠出色的渠道组织却获得了神一般的成效。

还有的营销管理者认为，房地产营销模式日新月异，渠道营销模式终会被取代，殊不知自1997年开始，香港房地产营销界就已经启用该种模式，而大陆房地产界呢，也的确遇到了很多残酷的现实问题：客户来电来访越来越少，有购买条件的准客户越来越难找，线上推广效果越来越小，竞争对手越来越多，营销成本控制得越来越严……而渠道营销模式的开启，对于解决以上问题发挥了至关重要的作用。我们有理由相信，该种模式还会"横行"房产舞台很长一段时间。

没错，房地产渠道，就是这么任性！

房地产渠道的发展趋势是什么？

从游击战到正规军的转变

有的房企在营销部内设置一个渠道部，招聘三五个人，美其名曰大客户经理，就干起渠道来了，还有的招聘若干兼职大学生外出派单……这些所谓的"渠道"在管理上缺乏体系性，游兵散勇如何作战？因此，在未来的房地产营销工作中，渠道管理制度的健全是每一个营销高管的首要工作，正规化渠道团队的建设成为必修课。

"全民皆渠道"理念的塑造

2014年，神器"电商平台"和"全民营销"出现了，这些平台上每成交一单生意，内场销售员那里就少了一单的佣金。房多多今年以千亿计的成交规模让人惊叹，大家都感叹"原来房子真的可以在网上卖"。同步到来的是"全民营销"，这是跨区域的营销网络，所有人都可以通过全民营销的平台推荐购房者并获得佣金，也就是说连一年级小学生都可以去卖房子了！难道专业做内场销售的人要被抛弃？我看悬，碧桂园不是早就取消了"内场销售员"这个岗位了吗？所以说，待在奢华舒适的售楼处等客户的时代已经一去不复返了，只有"跑"起来才能"活"下来。

"内功胜招数"时代的开启

说到渠道，其实手法并不多，派单、驻点、巡演、电话、中介……都是一些没有任何含金量的手法而已。但是，事情一旦做精，则会产生出乎意料的效果，互联网思维叫"最后一千米"，武林界称之为"内功心法"，如简单的派单工作，单页设计、文案创作、单页形式、派发区域、派发人群，再到如何精细派发、如何索要电话、如何实现导客目的等，都需要一系列的策划。

可以这么说，房地产渠道营销将彻底改变房地产营销的格局，谁掌握其管理要领谁就可以屹立于市场不倒，谁深谙此道谁就可以决胜千里！

没错，房地产渠道，就是这么任性！

目 录

Chapter 1
第一章 房地产渠道团队的组建

第一节 打造适合项目的渠道团队 002
第二节 渠道团队的招募与培训 007
第三节 编外经纪人的发展与管理 012
第四节 激励制度缔造狼性渠道团队 020
第五节 高效率拓客工具的准备 024
第六节 全民营销移动平台的搭建 029

Chapter 2
第二章 房地产渠道拓客思路

第一节 全民营销体系的打造 036
第二节 绘制客户作战地图 043
第三节 金融系统拓客思路 047
第四节 教育系统拓客思路 051
第五节 医疗系统拓客思路 056
第六节 政府与事业单位拓客思路 060
第七节 部队及军事机构拓客思路 063
第八节 工商联及各大商会拓客思路 067
第九节 4S店及车友会拓客思路 071
第十节 商场及大型超市拓客思路 074

Chapter 3

第三章 房地产渠道拓客手法与技巧

第一节 派发单页拓客技巧 078

第二节 电话邀约技巧 086

第三节 与中介合作的策略与方法 092

第四节 团购推售实施技巧 095

第五节 外部展点拓客技巧 102

第六节 异地拓客手法与技巧 106

第七节 渠道人员拜访客户注意点 110

第八节 老客户再拓展技巧 114

Chapter 4

第四章 房地产渠道与策划的结合

第一节 策划部门的线下支持 120

第二节 标准化活动的组织与安排 123

第三节 定制化活动的组织与安排 129

第四节 "网络渠道"的巧妙运用 132

第五节 "移动端渠道"的巧妙运用 136

第六节 策划"策"出来的渠道 141

Chapter 5
第五章 渠道的过程管控与结果管控

第一节 渠道人员的日常行为制度 146

第二节 渠道的过程管理要点 149

第三节 渠道的结果管理要点 153

第四节 渠道后台工作管理要点 157

Chapter 6
第六章 豪宅项目的渠道管理

第一节 团队素质的再提升 162

第二节 拓客方式的再提升 166

第三节 渠道工作的精准化操作 170

Chapter 7
第七章 商业项目的渠道管理

第一节 商铺投资知识面的拓宽 176

第二节 拓客方式的创新 183

第三节 招商与销售并举的拓展模式 188

后记 191

Chapter 1

第一章
房地产渠道团队的组建

有人把渠道团队比作雇佣军,把内场销售员当作正规军,我认为这是对渠道团队的歧视,或许用"特种部队"来形容他们更合适!

正规军组建容易,管理也容易,可是训练出一支优秀的特种部队绝非易事。这是考验营销高管智慧与能力的工作,它需要坚韧、缜密、敏锐的职业素质!

[第一节] 打造适合项目的渠道团队

听做猎头的朋友说,近期有两大公司的营销高管最受用人单位的争抢:碧桂园和融创。主要原因是这两家公司这两年通过独具特色的渠道建设,为公司带来了不错的业绩,极大地提升了市场占有率,增强了企业的市场抗风险能力。

然而,我们失望地看到,跳槽之后的营销高管却没有延续之前的辉煌!

原因有三:其一,这些高管并未了解碧桂园或融创渠道之精髓,一知半解便将模式粗暴复制,犯了水土不服的错误;其二,每个项目都有其特殊性,项目的每个阶段对渠道的要求亦不尽相同,灵活化管理是渠道管理中的难点,他们有可能因管理死板而失败;其三,也是最核心的原因,不管是碧桂园模式还是融创模式,抑或恒大模式、星河湾模式,能支撑起这些模式生存且健康发展的是公司强有力的体系,离开了这些体系的支撑,复制渠道模式形同东施效颦。

所以说,渠道不得不做,但不得盲目地做,复制可以,但要根据项目的异同在复制中不断完善体制,打造一支适合项目的高效率渠道团队!

1. 核心战术是打造团队的基础

那么,怎样的渠道团队才能称得上"适合项目"呢?这并没有统一的量化标准,不过凡事都有其源头,这要从渠道最核心的战术说起(见图1-1)。

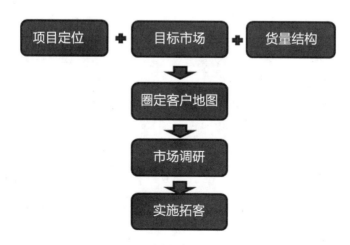

图1-1 渠道拓客核心战术

从图 1-1 可知，任何渠道策略制定之前都必须搞清楚三个问题：项目定位、目标市场和货量结构。其实这三大要素也是组建渠道团队的指导思想和根源，团队的人数、组织架构、需要渠道人员的素质等管理层面的问题均要从这三大要素中寻找答案。

（1）项目定位决定渠道人员素质

原则上讲，越是定位高档的项目越需要优秀的渠道人员，而定位高端的项目也因客群基数较小而需要的渠道人员数量较少。

（2）目标市场决定渠道人员数量

这里的目标市场指的是两个方面：区域面积和客群基数。每一个项目从拿地开始到结案都会把"客户策略"当作是工作的重点，那么，客户在哪里？客户基数有多大？客户与我们的触点是什么……这一系列问题解决完之后，我们才可能知道需要配备多少兵力去做渠道才能做到最佳。

（3）货量结构决定渠道团队行动方针

货量结构并非单纯指的是物业形态之间的配比、总货值等简单的数字，还包括项目产品所处的阶段，公司对存量产品的财务需求等实际问题。如某一个项目处于开盘前期，开盘必须确保成功，那么，此阶段就需要投入多一些的渠道兵力，待项目进入持续销售期时，项目品牌得以树立，客源相对稳定，那么渠道人员就应该相对精简。

2. 项目特性决定组织架构

每一个项目都有自己的特别之处，而最核心的不同则是"客群"的不同，客群结构、客群喜好、客群的区域来源等，谁掌握了客户信息，谁就可以在市场中处于不败之地。

渠道团队，作为找到客户的主力部队，作为距离客户最近的人，因客群的纷繁程度不同而致使组织架构也不尽相同。

以位于深圳东亚婆角海滨旅游区的"碧桂园十里银滩"项目为例，该项目拥有区域最珍贵的五千米长白沙滩，背依港深世界第三大都会圈，与深圳相距约 40 分钟车程，深汕高速、广惠高速延长线、东部沿海高速为其创造 1.5 小时的繁盛生活。广深港高铁与武广高铁在深圳北站直接相连，深厦、广深港、武广高铁纵横飞驰接驳于深圳，中南、华南地区快速连成一片。

经过周密调研，营销管理人员认为该项目的客群绝不仅仅是深圳本地人，而应该涵盖佛山、中山、珠海、广州、惠州等周边城市，甚至香港市场也不能放过，因此，一张扎根深圳、辐射全国的渠道组织架构产生了（见图 1-2）。

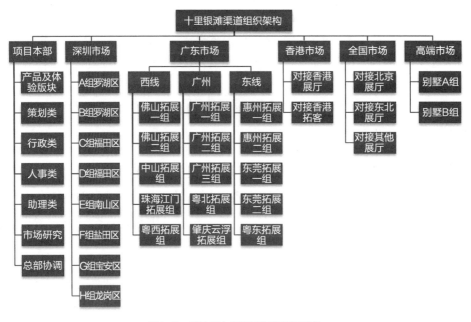

图1-2　碧桂园十里银滩渠道组织架构

以上组织架构只是一、二级架构图，其实还应该有三、四级架构图，如 CALL 客组、大客户组、小蜜蜂组等均没有体现在该图上，总人数超过 700 人，被业内誉为最全面的渠道架构图，实现了项目潜在客群的全覆盖，在管理上会更加便捷、更有条理性。

再以兰州碧桂园为例，该项目于 2013 年 10 月 6 日开盘，开盘创造了销售 4237 套、4 小时揽金 50 亿元的奇迹，被称为逆市中的神话，引得无数业内同仁前往学习。该项目在渠道建设上关于多级展厅拓客模式是最值得大家借鉴的。

多级展厅拓客模式是兰州碧桂园的首创，打破了传统的只有一个售楼处或只有几个临时接待点的销售模式，而是根据"客户地图"进行级别的划分，将售楼处或接待点增加至几十个甚至几百个。碧桂园将展厅划分为四级：

一级展厅为收客中心，功能仅次于项目现场售楼处，是各个拓客区域的"中央"，很多收客类的活动就在这里举行，相当于临时售楼处，渠道人员拓展的所有客户均需要送到一级展厅进行"洗脑"；

二级展厅指的是设置在人流量较多的商超或购物中心内部的临时展点，辐射范围为 5 千米；

三级展厅指的是住宅社区内或客群常出没的区域内设置的流动性展点，辐射范围为 1 千米，该展厅除了拓客之外，还起到发展编外经纪人的重要作用；

四级展厅就更加灵活机动了，指的是大客户组在商会、企事业单位等举办的不定期的团购活动或集中宣讲活动。

每一个二级展厅大概下设 4 ~ 6 个不等的三级展厅，每个区域拓展组人数 35 人，其中销售人员 20 人，兼职人员 15 人。兰州碧桂园一共设置了 14 个二级展厅，合计总人数

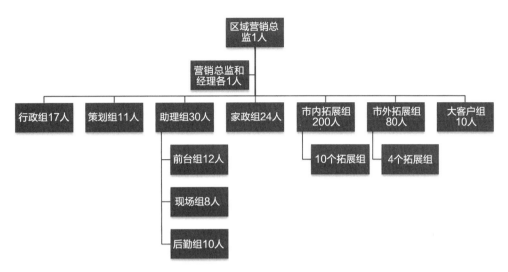

图1-3 兰州碧桂园营销部组织架构

达490人（销售人员280人，兼职人员210人）。其营销部组织架构见图1-3。

从以上两个案例我们可以发现，碧桂园的渠道模式是以客群所在的区域为单位进行布局的，再加上人海战术，形成了不断导客的最终目的。与碧桂园模式不同的是融创模式，它最大的优点就是"没有模式"，也就是说它的灵活性是最强的，有时与碧桂园模式类似，有时喜欢玩"圈层渠道"，不同的项目运用不同的渠道团队，甚至同一个项目在不同的销售期都会立刻重组渠道模式。融创的渠道模式核心不在于组织架构，而是在于激励制度，本书将在后面的章节详细阐述。

渠道团队建设小贴士：

一般的地产公司考虑到成本、管理难度等诸多因素，组织架构相对比较简单，可以这样设置（见图1-4）：销售团队分为3个大组，每组20人，每组又下分为两个小组，分别由1名渠道经理和1名副经理进行日常拓展及管理，每个小组每天根据各项拓展考核数据安排案场接待人员，整个销售团队设置2名数据管控人员对销售团队每日数据进行监管和分析。

渠道经理工作职责：

（1）负责拓客安排及团队管理；

（2）甄选1名协管人负责协助统筹组内公共事务；

（3）负责本组成员的日常考勤，纪律方面的直接监督及处理；

（4）负责本组拓客团队的组建，深入培训及现场执行管控；

（5）负责本组拓客目标任务的合理分解，每天总结任务完成情况，安排明日工作任务，优胜劣汰；

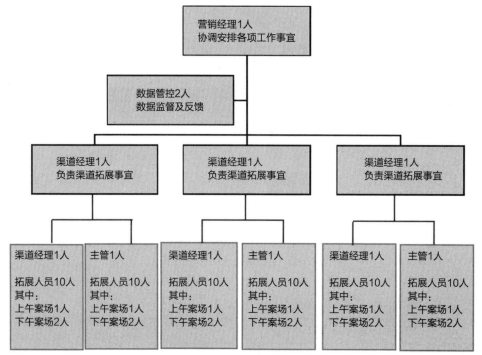

注：在周六周末及节假日，主要是进行外拓客户收网工作，外拓人员若有外拓客户到访，可到销售中心进行接待。

图1-4　一般房地产公司渠道部组织架构

（6）负责本组成员拓客工作的情况记录及监督，统计奖罚情况定期汇总；

（7）负责每日本组拓客成效的数据汇总并进行分析。

销售人员工作职责：

（1）负责拓客任务的实际执行，对于自身任务进行分解，思路清晰，打法明确，整合自身可利用的一切资源，力争完成各自任务；

（2）接受经理分配和监督，无条件配合经理的合理要求；

（3）根据个人每日完成情况及日常表现，获得奖励或处罚；

（4）每天统计任务完成情况，并做客观分析，当天未完成的任务添加到第二日工作任务中；

（5）服从总统筹人安排，对个人拓客成效负责。

数据管控人员工作职责：

（1）每日各组数据统计与监控者，全组拓展类数据归口，准确录入当日数据及截至当日的累积数据，对数据进行分析，并开展抽查监控；

（2）从明源软件中进行数据导出，次日12点前准确总结出前日拓展数据；

（3）配合策划及后期拓展方向进行数据分析。

[第二节] 渠道团队的招募与培训

渠道团队的唯一工作是：找到客户！

正因为永远不知道客户在哪里，所以寻找的过程是万分痛苦的，用"大海捞针"来形容这份工作一点也不为过。售楼处内场销售员享受着奢华的环境、吹着空调等待客户上门，渠道人员却要遭受风吹日晒、冷嘲热讽的境遇，而他们的底薪偏低，补助较少，全靠卖房子领提成度日，导致很少有人愿意从事房地产渠道销售工作。

营销管理者与人事部绞尽脑汁发布广告，通过提高薪酬增加关注度，但招聘来的人要么能力不足，要么抱着"骑驴找马"的心态，这与渠道人员的基本要求"坚韧"明显是格格不入的；还有的房企对此表示无奈，不管招聘来的人素质如何招来即用，根本不知道自己的项目到底需要什么样的渠道人才，这样组建出来的渠道团队怎么可能有战斗力？

所以说，我们在招聘之前，必须要清楚我们到底需要什么样的人。

1. 渠道人员的必备条件

业内普遍认为，一个合格的渠道销售员必须属于这三类人（见图1-5）：

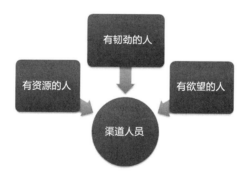

图1-5　对于渠道人员的三大要求

（1）有资源的人

渠道人员最重要的是打开门路，知道客户在哪里之后，就要采用最便捷的办法找到客户，为客户提供优质的服务，而一般资源较多的人可以利用自己的人脉关系寻找到捷径。从企业层面上来说，有资源的员工可以为企业节约成本，提高运作效率，所以，招募渠道人员关键是要从有资源的人入手，一般本地人或长期居住在本地的人要优先考虑。

（2）有韧劲的人

有些应聘者虽然不是本地人，或许他们学历不高，或许他们没有房地产从业经验，但是他们懂得"勤能补拙"的道理，吃苦耐劳、兢兢业业，有着很好的职业操守，这类人群可以成为优秀的渠道开拓执行者。

（3）有欲望的人

有些应聘者或许什么都没有，但是他们有梦想、有激情、有欲望，他们对成功和金钱的渴望超过常人，有欲望就会有动力，这类人很适合做渠道工作，但是作为管理者要注意对该类人群的行为管理，以及对价值观的正确引导。

2. 渠道人员的招聘方式

心里有了尺度之后，我们应该通过何种途径进行渠道人员的招募呢？一般来说，常规的招聘渠道诸如人才市场、网络招聘、劳务派遣等手法虽然有一定的效果，但是效率并不高，而且还需要人事部和营销部耗费大量的精力去反复组织面试和考核。

在这里，向大家介绍几种效果较好、效率较高的招聘方式。

（1）百万年薪招聘销售精英

同样是服务行业，为什么空姐给大家的印象全是"女神级"的，而房地产销售员却常常自惭形秽？并非销售员的素质低于空姐，而是行业的准入标准不一样，在一般人看来销售员的入行门槛很低，而空姐却是百里挑一。

那么，房地产渠道招聘为什么没有这样的底气？

2008年9月10日，广州星河湾跨界招聘，以百万年薪引来千人竞聘，星河湾从中选出30人的专职直销团队，他们原本均在其他行业从事销售，具有丰富的各行业高端客户资源。跨界招聘的目的之一是为了项目品牌推广并形成造势，另一方面则是为了招聘地产之外的跨行业精英。2009年5月21日，"浦东星河湾"以同样的方式，在上海香格里拉大酒店高调举行跨界招聘会，时任副总裁的梁上燕亲自参与招聘。通过此次招聘，"浦东星河湾"网罗了一大批来自汽车、金融、高尔夫等行业的销售精英。此行无疑为星河湾数据库的搭建，提供了丰厚的高端客户资源。而这支跨行业精英组建的公关团队，举办各种公关活动、路演以及搭建与对口企业、产品的对接平台，他们被梁上燕称之为星河湾的"特种部队"。

该种手法后来不断被其他公司所复制，碧桂园、融创、恒大、阳光等公司也在其列（见图1-6）。

同样的道理，中海地产无锡公司于2014年底向社会全面招聘"营销特训生"，底薪2500～4000元，成功认购并签约1套奖励不低于6000元，他们对营销特训生的招聘要求是：学历不限，经验不限，只要有梦想有胆就来挑战！在招聘广告的最后用四句话提升了调性：最完善的地产专业人才培训体系，最具含金量的千亿央企实习证明，最有市场竞争力的薪资福利待遇，最广阔的个人成长职业发展空间。其实这里的"营销特训生"指的就是渠道拓展人员。

（2）组织高规格的校园招聘

校园招聘是每一家开发企业每年都非常重视的招募活动之一，但这里所说的"校园招聘"并非一年一度的规模庞大的"校园宣讲"式的招聘活动，而是具有非常随机性的招聘行为。

鉴于渠道工作需要可以吃苦耐劳的、执行能力较强的人，因此建议选择大专或中专院校进行宣讲，尽管形式简单，但需要注意五点：1）要从公司人才战略层面重视渠道人员的引进，出席宣讲会的人必须有相关公司领导、人力资源领导、营销部领导、优秀渠道人员等，要让尚未走出校园的大学生们首先感受到被尊重；2）宣讲之前至少要提前一周时间进入校园进行宣传，为宣讲预热，最好能够得到校方的支

图1-6　跨界招聘宣传单

持；3）从学校里招聘来的学生执行力是关键，必须要设置一个月的考核期，但不宜以业绩作为唯一的考核依据；4）不要认为学生是廉价劳动力，要充分尊重他们的劳动成果，制定不低于市场标准的薪酬体系，只有在学生中获得美誉度，以后的招募活动才会更加顺畅；5）对于学生来说，或许酬劳不是那么重要，但是"平台"必须要为他们搭建好，毕业之后的出路、晋升通道、职业发展等都需要帮助他们考虑，这才是负责任、有担当的好雇主。

（3）整体接收渠道团队

有的时候为了提高团队组建效率，整体接收现有的渠道团队也是一种不错的办法。

这些渠道团队有的来自分销公司，有的来自竞争项目，有的来自即将结案的项目，他们最大的优点是有资源，但最大的缺点是"有领导"，容易造成"小团体"、"管理失控"等局面。因此，在接收渠道团队之后，一定要做好一件最重要的事：制度再梳理、再健全，管理制度化，千万不可将团队变成了"团伙"！

整体接收渠道团队小贴士：

苏州某房企为了快速建立渠道部，整体接收了另外一家公司的渠道部，总人数约40人，销售负责人对此信心满满，似乎有了这些人就可以走出销售困境，为此，他们多次连夜作战，制定策略、绘制客户地图、定制礼品、拟定电话拓客名单、设置奖励制度等，但两个月过去了，

销售成绩非常差，不仅没有起到实质的效果，该房企为此还要承担数十万的渠道管理费。

何解？由于是整体接收，这 40 人有共同的且唯一的老领导，到了新公司之后根本不接受其他营销管理人员的指令，导致很多战术根本无法得以实施，事倍功半！

三个月后，该房企营销总监不得不下了"逐客令"，从此不敢再谈"渠道"……

当然，渠道团队大部分来自于其他行业，甚至是无业者，那么如何发展编外经纪人就成为渠道招聘的重头戏，该部分我们将在本章第三节具体阐述。

3. 渠道人员的培训组织

渠道人员的素质和专业度良莠不齐，密集型的培训是必不可少的，对于渠道人员来说，最重要的工作是拓客和导客，因此他们的培训计划与内场销售员不同，大致可以分为四大类。一份完整的培训计划如表 1-1 所示。

培训计划 表 1-1

培训类别	内容分项	主要内容	建议课时
企业及项目认知类	企业概况	企业文化，企业概况及发展历程	1
	营销部概况	营销部领导、工作方式、营销制度	1
	项目概况	项目区位、规划、卖点等	2
	产品详况	各个产品的特点与卖点，优点与缺点	4
房地产基础知识类	宏观市场	中国房地产发展方向及应对措施	1
	区域市场	项目所在区域房地产市场解读	1
	基础知识	房地产基础知识与政策	2
	管理制度	销售流程与管理制度	1
	贷款知识	房地产贷款与贷款保险知识	1
拓展客户类	人员素质	渠道精英应该具备怎样的素质	1
	电话营销	与客户打电话的技巧	2
	人脉运用	如何利用自己的人脉完成任务	2
	客户拜访	客户拜访技巧	2
	派单技巧	提升派单的工作效率	3
	说辞演练	统一说辞记忆，以及灵活说辞的演练	4

续表

培训类别	内容分项	主要内容	建议课时
销售技巧类	谈判技巧	谈判技巧、守价与放价技巧	1
	销售技巧	如何挖掘客户的潜在需求	2
	销售技巧	如何获取客户的购买意愿	2
	售后服务	如何为客户提供优质的售后服务	1

如果引进了渠道管理人员需要培训哪些知识呢？请见表 1-2。

渠道管理人员培训内容　　　　表 1-2

序号	培训内容	建议课时
1	售楼系统、客户管理系统、OA 系统的运用	2
2	渠道各岗位人员职责与管控方式	2
3	渠道团队组建与管理	2
4	外展点与展厅管理	1
5	客户拓展及活动管理	4
6	线上推广工作管理	1
7	线下媒体工作管理	2
8	销售环境及服务管理	2
9	开盘营销管理	3
10	价格管理	2
11	产品管理及货量组织	3
12	客户服务管理	4
13	销售流程管理	2
14	数据统计分析与管理	2

[第三节]
编外经纪人的发展与管理

世界上最伟大的销售员乔·吉拉德是全球单日、单月、单年度销售汽车总量的纪录保持者。他 35 岁走投无路之际，跑去当汽车业务员，几年内就创下了傲人的汽车销售纪录，迄今无人能打破。在乔·吉拉德十五年的销售生涯中，汽车销售总纪录是 13001 辆，每月最高销售纪录 174 辆，平均每日售出 6 辆车，日最高纪录是 18 辆。

他为什么能取得这么优秀的业绩？因为他不是一个人在战斗，编外销售员起到了至关重要的作用。

乔·吉拉德自行发起了一个名为"猎犬计划"的编外销售员招募计划，在每一辆车成交之后，他总会把一叠名片和猎犬计划的说明书交给顾客。说明书上写明，如果顾客介绍别人来买车，在成交之后，每辆车顾客均会得到 25 美元的酬劳。几天之后，他还会寄给顾客感谢卡和一叠名片，以后每年顾客都会收到他寄来的一封附有猎犬计划的信件，以提醒他的承诺是仍然有效的。如果他发现顾客是一位领导人物，那么他就会更加努力的促成交易并设法让其成为"猎犬"。

实施猎犬计划的关键是守信用，乔·吉拉德的原则是：宁可错付 50 个人，也不要漏掉一个该付的人。

猎犬计划使乔·吉拉德的收益很大。1976 年，猎犬计划为他带来了 150 笔生意，约占总交易额的三分之一。他为此付出了 1400 美元的猎犬费用，但收获了 75000 美元的佣金。

乔·吉拉德的"猎犬计划"为我们房地产渠道人员发展编外销售员提供了很多有价值的启示（见图 1-7）。

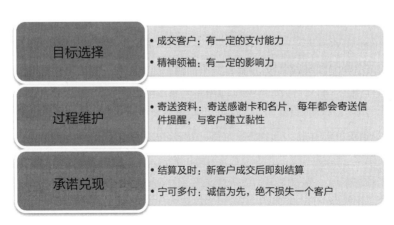

图 1-7　乔·吉拉德发展编外销售员带来的启示

自星河湾提出"跨界营销"这个概念之后,发展编外经纪人成了渠道管理工作的重点和难点,但是编外经纪人在哪里?怎么让他们对"卖房子"感兴趣?怎么与他们维系良好的关系?怎么激发他们的销售激情……这一系列问题都有待攻克。

1. 谁有可能成为编外经纪人?

其实任何人都有可能成为编外经纪人,但是为了提升工作效率,让"寻找"工作有目标,我们会圈定一定的范围,根据经验,我们认为六类人群最有可能且有一定的能力成为编外经纪人(见图1-8)。

图1-8 可能成为编外经纪人的人群

图1-8中每个类别只是列举了两个例子,如"销售类",除了汽车销售员、奢侈品销售员之外,凡是从事中高端商品销售诸如茶叶销售、珠宝销售的人都可以考虑发展。

(1)同行类

首先我们要声明的是,目前房地产渠道行业出现了很多有违职业操守的行为,客户资料外泄事件时有发生,这样的事情必须得以遏制!如果我们想发展其他项目的置业顾问或二手中介经纪人做编外经纪人,必须秉持"合法、双赢"的理念正大光明地合作,客户资源共享,为客户挑选更加合适的房源,提供更加优质的服务。

(2)销售类

房子毕竟是价格最高的商品,人这辈子不可能常去售楼处,但是可以频繁地出入其他商品卖场。如重复购买某品牌的包,重复购买某品牌的皮鞋,而这些品牌的销售部都是客户资源的掌握者,与品牌合作势必起到事半功倍的效果。

(3)行业领袖类

发动各行各业内部有影响力的人成为编外经纪人尤为重要,这些人有一定的经济实力,有丰富的人脉资源,打动了一个人可以影响几十甚至几百人。如绍兴的绿城玉兰花园项目,有一位销售员接待了某行业的知名人物"孙总",优质的服务感化了他,"孙总"不仅自己购买了5套房子,还发动身边的亲戚朋友购买,经详细统计,由"孙总"直接或间接介绍来成功购买房子的多达80组客户,产生销售额1.5亿元。

（4）资源密集类

资源密集类指的是拥有一些购买力较强的客群的机构，如银行的大客户部、投资公司的理财部、高级会所的营销部、购物中心的会员部等，对于该类群体以商务合作的形式发展为编外经纪人为佳。

（5）优质单位类

优质单位类指的是诸如学校、医院、上市公司、知名企业等效益较好的企事业单位，内部员工待遇较好且较稳定，福利制度非常完善，有着很强的购买力，如果打通关节，让内部员工成为编外经纪人等于获得了数量可观的潜在客群。

（6）无业类

无业的人有两种可能，一种是赋闲在家，想寻找一些事情做的老人；另一种是单纯地将"卖房子"当成是职业的"闲人"，没有人给他发薪水，只是靠提成度日。这两种人均不可小觑，他们往往拥有很好的人脉基础，且在自己的圈子内有一定的话语权，因此他们是编外经纪人的重要组成部分。

2. 如何发展编外经纪人？

（1）制定契合需求的准入机制

编外经纪人来自不同的行业，有的是基层人员，有的身居要职，有的籍籍无名，有的是行业名人，如果采用"一刀切"的方式邀请他们加盟肯定是行不通的，因此制定契合需求的准入机制就显得尤为重要。一般来说，我们可以将编外经纪人分为以下三大类（见图1-9）：

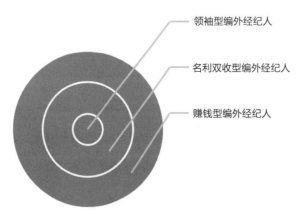

图1-9　编外经纪人的三大类型

1）赚钱型编外经纪人

这部分销售员占有最大的比例，是以增加收入为目的的，对于这部分销售员公司要制定强有力的激励政策，激发他们的最大潜能。

2）名利双收型编外经纪人

这部分销售员不仅想获得利益，还想获得一部分特权，或者想通过介绍客户成交而获得开发商提供的竞标机会，还有的是老业主，想借此获得物业费减免、停车管理费减免等权益。

3）领袖型编外经纪人

这部分销售员不在乎开发商给予的佣金的多少，在乎的是"感觉"，具体表现为"被尊重的感觉"。这部分人占极少数，需要开发商高层领导出面进行定期或不定期的维护，通过不断地"尊重"与"肯定"维系他们介绍客户的热情。

（2）建立内部员工举荐机制

开发商内部资源其实本身就是最大、最珍贵的资源，因为开发商在完成一个项目的过程中至少要接触几十个政府部门或事业单位以及上百个外部供应商，如果把这部分资源调动起来可以起到事半功倍的效果。

几乎每一个部门都有优质的资源（见图1-10），营销管理人员与其到外部找资源，不如想办法把内部资源用足！

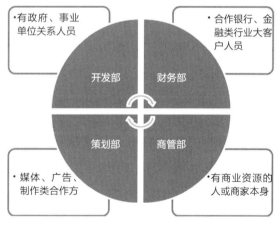

图1-10　可以发展为编外经纪人的开发商内部资源

（3）建立"高大上"的职业或财富平台

在本章第二节我们向大家介绍了星河湾推出的系列"百万年薪招聘销售精英"活动，网罗了一大批来自汽车、金融、高尔夫等行业的销售精英，这一招不仅招来了称心如意的销售员，同时那些落榜者也就成了编外经纪人。

另外，碧桂园的"创富平台"模式也有异曲同工之妙。2014年3月29日，高淳碧桂园编外经纪人募军大会在销售中心举行，现场座无虚席。碧桂园编外经纪人募军仪式为在场的来宾提供了一个五星级的创富平台，而编外经纪人的理念则是"全民经纪，全民安居，全民共富"；会议上，高淳碧桂园的工作人员耐心讲解了如何成为一名光荣的高淳碧桂园编外经纪人和具体操作上的一些问题。高淳碧桂园的编外经纪人有一套完整的推介操作流程，客户推介成功后，编外经纪人将收到推介客户成功的电话或短信提醒；人脉等于财富，凡编外经纪人促成客户购房成交的，会得到相应的佣金分配。

碧桂园"金沙滩"项目编外经纪人奖励措施：

碧桂园集团海南战略的首个滨海度假项目"碧桂园·金沙滩"，坐落于海南临高龙波湾滨海旅游度假区内，依托十里原生海岸，领衔西海岸滨海度假新风尚，打造出一座集休闲、度假、旅游为一体的滨海旅游度假大城。2014年3月一期开盘，实现了"近6万人抢滩登岛，首期劲销逾2100套，销售金额逾12亿元，持续热销28天"的辉煌业绩。

由于二期含有大量的改善型高端物业，原有的渠道模式后劲不足，编外经纪人模式应运而生！

本次编外经纪人计划以"人"为圆点，利用"圈层"和"展点"两个抓手，撬动"业主"和"编外"，滚雪球式的发展"业主会员"和外部"雇佣军"，以达到最大规模和精准度的引爆，让所有人在享受度假生活的同时，还能共享推荐置业的成就。对于业主们而言，碧桂园·金沙滩提供的不只是好房子，还是一份事业。

具体奖励措施见表1-3。

奖励措施　　　　　　　　　　　　　　　　　表1-3

客户性质	客户分类	推荐人佣金	员工佣金	导购佣金
		编外经纪人（含业主）		
散客 （编外经纪人/业主/员工推荐）	客户自行上岛	销售额×0.3%+额外奖励	0.4%	—
	客户报公司后组团上岛			0.4%
独立团客 （一次性组团≥15人，不含未成年人）	报我司团	销售额×0.6%+额外奖励		0.2%
	自行组团			0.4%

3. 如何管理编外经纪人？

编外经纪人由于不受相关制度约束，给营销管理者带来管理上的困扰，因此对于编外经纪人来说要以激励为主，增强意愿度，最大限度地挖掘他们的潜能。

一般来说，编外经纪人的管理要遵循三原则（见图1-11）：维护情感化、激励频繁化、兑现快速化！

图1-11　编外经纪人管理"三原则"

（1）维护情感化

在公司内部，一定要做到每一个编外经纪人都有专人对接，对于一些级别较高的编外经纪人甚至由高管直接对接。遇到重大营销节点，或者是平时空暇时间内，都要针对这些编外经纪人的喜好定制活动，将他们聚集在一起，以示对他们的重视。

（2）激励频繁化

虽然平时这些人分布在各行各业，但是一定要通过某种平台达成信息的互通，比如每周或每月制作一份内部快讯，寄送到各人手中，介绍项目发展情况以及编外经纪人的业绩。鉴于有些编外经纪人不愿意透露自己真实的身份，所以在编写内部快讯时牵涉到人名时要尽量略去，通过信息互通达到激励的目的。在平日，对接人也要常常通过电话、微信沟通，搞一些聚会联络感情，遇到节假日要上门赠送礼品以示感谢。

（3）兑现快速化

管理编外经纪人的核心是：兑现利益！只有这样才能让他们看到开发商的诚意，真正起到激励的目的。

如协信集团上海公司，由于市场环境较差，而且该公司销售的全是大面积的办公产品，仅靠散售肯定是不行的，于是营销负责人在2014年推出了"销售合伙人"计划，整合了上海30余家著名公司作为编外经纪人。

2014年7月18日，该公司组织了第三届销售合伙人激励大会，在会上重点表彰了6月份的突出贡献者，其中有一个合作公司的三位销售员斩获了40万元的现金奖，还有一位分销公司的销售总监拔得6月头筹，奖励289万元，这些钱全部当场兑现，极大地激发了编外经纪人的斗志，为协信上海项目的销售带来了质的飞跃！

编外经纪人管理小贴士：

编外经纪人销售管理办法

一、编外经纪人销售权限

在委托编外经纪人销售期内，可销售×项目的在售房源，可售房源的信息由公司提供并每周更新，可售房源的信息包括但不限于：可售楼栋所在的地块位置、楼栋号、户型、面积；更新时间为每周一晨会后，同时可通过微信实现对编外经纪人的管理，编外经纪人在推荐房源前需及时与项目沟通，协同客户到项目现场后对可售房源进行二次确认，杜绝一房两卖的现象发生；项目在一些重大节点活动时，编外经纪人可利用节点活动邀约其意向客户参加以维护其客户。

二、编外经纪人范围

包括但不限于保险、证券以及能为项目推荐客户的群体等。随着项目拓展的不断进展，编外经纪人名单将不断补充和更新，更新周期以每周为期限，更新后的编外经纪人的数量与概况信息（注：不含联系方式）须及时上报组长，由销售员录入编外经纪人名单系统，组长于下午4点前发送给拓展部，以便统计和管理。

三、编外经纪人权利与义务

（1）编外经纪人应发挥自身优势，利用自己可利用的所有资源和客户资源，充分调动编外经纪人的积极性推介推荐本项目。

（2）经编外经纪人同意，×项目可免费利用编外经纪人的网络平台、朋友圈进行适当的项目宣传，并对其朋友圈层进行适当维护。

（3）若编外经纪人在自己的圈层中进行项目的推介宣传，项目可为其免费提供市场推广的宣传资料。编外经纪人推荐客户须提前2天向销售经理报备，由行政部门进行系统核查，将符合公司相关规定的客户确认为有效推荐客户，可计入编外经纪人业绩，进入下一步工作。

（4）编外经纪人介绍新客户至销售现场，若与本项目来访、来电客户记录冲突，以15天有跟踪记录为有效客户，如超出有效期，该客户属于编外经纪人所有。编外经纪人将有诚意的客户引领到×项目进行登记，须由项目唯一对接人（销售经理）进行确认。

（5）编外经纪人在得到推荐客户有效确认后，带领客户至售楼处现场，需由项目经理或组长签字确认，并填写编外经纪人推荐客户确认单，由项目的销售员接待客户；若编外经纪人不能亲自到场的可委托销售员代为填写并交与销售经理签字确认，编外经纪人必须按项目要求和范围从事项目推介活动，不得向客户做出超出项目许可范围的口头、文字、视频等各种承诺。

（6）编外经纪人需根据项目提供的销售资料如实地宣传和销售，在销售过程中不得对客户进行误导、欺骗，由此产生的后果由编外经纪人承担，×项目有权不发放该套房屋的销售提成，并追究其法律责任。

（7）在客户认购成功后，全款到账并签署正式的《房地产买卖合同》后，编外经纪人工作即告完成，销售佣金于次月发放；若为银行贷款客户，交付首付款并签署正式的《房地产买卖合同》，及时办理银行按揭后，以银行放款后全款到账为限，销售佣金于次月发放。

（8）若编外经纪人不能亲自带领客户至现场，应提前电话告知项目对接人（销售经理），由销售经理安排组长或其组员进行客户接待。

（9）若编外经纪人成功推荐并购房客户再介绍其亲戚、朋友参观项目，该客户属于老带新客户，客户归属的原则是谁维护谁负责，即编外经纪人维护已成交客户的老带新客户属编外经纪人所有，销售员维护已成交客户的老带新客户属销售员所有，若同时维护的老客户，以客户到访声明的第一对接人为准；若由编外经纪人转介的老客户未声明由该经纪人介绍，该客户属于 × 项目的新客户，由销售按顺序接待。

（10）编外经纪人有义务督促客户缴纳购房款。

（11）编外经纪人正式上岗前须由项目进行统一的说辞培训，培训考核通过后发放《编外人员资格证》后持证上岗，统一口径接待客户及对外沟通。

四、销售佣金

项目按总房款的不低于千分之二支付佣金给编外经纪人，无须支付税费。

[第四节]
激励制度缔造狼性渠道团队

自 2013 年开始，鉴于市场的销售压力大幅度增加，几乎所有的房企都增加了销售人员的收入，佣金比例从之前的 0.12% ~ 0.18% 提升到 0.2% ~ 0.3%，有些企业提升幅度更高，如 SOHO 中国以 1% 的佣金比例问鼎行业，融创和碧桂园是 0.6% 起。

那么渠道团队呢？增加的比例更大，0.5% 的佣金比例算是起步，有些分销公司可以拿到 5% 以上，甚至更高。不过遗憾的是，有些公司把佣金比例提得再高，依然无法激发起渠道人员的狼性，这引起了众多营销高管的思考。

其实，原因很简单，所有优秀的业绩必然遵循一条铁律：优秀的产品 + 超强的执行力 + 出人意料的策略 = 热销！三足鼎立，缺一不可，仅仅提升佣金比例不能解决根本问题。

那么，如何通过激励制度的制定来缔造狼性的渠道团队呢？笔者仔细分析了碧桂园、融创、恒大三大公司的渠道模式，把其中较为出色的关于激励的做法择取出来供同行参考。

1. 拓客目标竞拍制

兰州碧桂园根据市场调研后画出区域作战地图，把兰州划分为 14 个拓展区，在下达拓展任务之前，营销负责人首先划定了每一个区域的拓展目标，含导客人数、圈层活动场数、会员卡数、认筹数等。

设定好目标之后，营销负责人召集渠道各小组组长召开竞标会，组长根据团队的实力去竞争某一个区域的拓展权。如兰州一区拓展目标是 3000 组客户，3000 组就是"起拍价"，各组长每次"叫价"幅度是 100 组，经过竞拍，一区的拓展目标达到了 4200 组。

这一做法极大地激发了渠道小组的积极性，每个人都会为自己设定的目标而努力，那么，有了目标之后该如何将竞争机制继续执行下去呢？碧桂园采用了"大吃小"的做法：

（1）考核权重：拓客数量目标完成率（20%）、圈层活动目标完成率（20%）、展位及商家目标完成率（20%）、会员卡目标完成率（40%）。

（2）组间淘汰：截止认筹前，排名最后三名的小组并入排名前三名的小组，由排名前三名小组的组长进行统筹管理。

（3）激励机制：按照小组考核得分高低确定排名先后，排名第一、第二、第三的组长分别奖励 3 万元、2 万元、1 万元，该奖励金额以发票报销形式冲抵。

（4）考核结果处理：排名最后的三个小组，如考核得分在 80 分以上，拓展经理降职为销售顾问，组内人员按照综合业绩排名最后的 10% 淘汰；如考核得分在 80 分以下，拓展经理降职为销售顾问，组内人员按照综合业绩排名最后的 20% 强制淘汰。

2. 佣金比例跳点法

末位淘汰法是众多公司运用的激励手法之一，但是有的时候并非所有的"末位"都要被淘汰，采用佣金比例跳点法较为人性化。

一般而言，销售佣金提取比例的设置方式分为固定比例法和跳点法两大类，固定比例法是比较常见的，算法相对简单，但结果导向不明显，激励效果一般。跳点法是根据不同条件设定提取比例，比如按业绩排名跳点、按目标完成率跳点，激励效果比固定比例法要突出，但算法比较复杂。

碧桂园销售佣金提取比例设置方式是按业绩排名跳点，也就是说，在项目计佣周期，以月度为单位计算团队业绩总排名，根据排名先后区分各销售小组的佣金点数。

根据项目的佣金点数，排名最优的团队按审批的正常佣金点数计算，排名中间的团队，佣金点数最少下降 0.05%，排名最末团队的佣金点数最少下降 0.1%。

假设某个项目有十个渠道小组，销售排名前三名的团队结佣点数为 0.6%，第四到第七名的团队结佣点数为 0.55%，最后三名的则为 0.5%。别看只相差了 0.1%，但是几乎每一个团队每个月的总销售额都可以达到 5000 万元，原本可以拿到 30 万元的佣金，却变成了 25 万元，少拿了整整 5 万元，这对渠道人员来说是不小的数字。

3. "现金兑现、立马兑现"模式

存在银行里的只能叫数字，只有拿到现金才能真正激发人的斗志！这是融绿的理念！

融绿在月末、季末和年末都喜欢运用"当场成交、当场现金兑现"的形式刺激渠道及销售人员的热情，具体做法是：每天项目营销负责人均要估计明天的成交情况，从备用资金里取出现金交给后台管理部，只要有客户成交，那么对应的销售员即可到后台人员那里领取相应的现金，后台人员还要在微信群里公示以表祝贺，这一形式可以极大地调动其他销售人员的热情（见图 1-12）。

为了让这一模式更加有效，融绿还设置了"头炮奖"、个人回款最高奖、团队回款最高奖、订单额度最高奖等，传闻他们内部的奖金名目多达 17 项。如此大尺度的奖励在业内实属罕见，难怪融绿团队可以在短短的两年里迅速崛起，并于 2014 年问鼎上海楼市销售排行榜！

图1-12　绿城玫瑰园项目实施的"现金立刻兑现"模式

融绿渠道激励小贴士：

融绿常州玉兰广场渠道部激励措施

一、岗位与佣金比例（见表1-4）

岗位与佣金比例　　　　　　　　　　表1-4

岗位	人员	月度指标完成	月度指标未完成
渠道负责人	1人	千分之0.5	千分之0.35
渠道总监	6人	公寓千分之1 别墅千分之1	公寓千分之0.7 别墅千分之0.7
渠道副总监 别墅渠道副总监	24人 4人	公寓千分之1.5 别墅千分之1.5	公寓千分之1.3 别墅千分之1.3
渠道置业经理 别墅渠道置业经理	48人 8人	公寓千分之5 别墅千分之5	公寓千分之3.5 别墅千分之3.5

二、淘汰制与晋升降级制度（见表1-5）

淘汰制与晋升降级制度　　　　　　　　　表 1-5

岗位	晋升	降级或淘汰	考核标准
渠道总监		降为副总监	三个月一个赛季，赛季未完成大组指标，且排名最后一名
渠道副总监	晋升为总监		三个月一个赛季，赛季排名第一
渠道副总监		降为置业经理	三个月一个赛季，赛季未完成小组指标，且排名最后一名
置业经理	晋升为副总监		三个月一个赛季，赛季排名第一
置业经理		淘汰	每个月未完成大组指标，且在大组内排名最后四名

排名依据：1. 成交（签约合同额）；2. 协议（新增协议额）；3. 客户到访量。

三、激励奖

渠道部整体完成渠道负责人签订的指标责任状中的指标，进行现金奖励：

总监：季度冠军奖励 3 万元。

副总监：季度冠军奖励 2 万元。

置业经理：月度冠军奖励 1 万元。

[第五节]
高效率拓客工具的准备

好马需要配好鞍,优秀的渠道人员永远都会善待他的拓客工具!

有很多渠道人员包括管理者并不重视拓客工具的准备和包装,其实这是极其错误的思想,合适的拓客工具能够让拓客工作更有效率、更有效果。

一般说来,拓客工具主要分为四大类别,如图1-13所示。

图1-13 渠道人员拓客工具的四种分类

1. 硬件工具

硬件工具囊括很多东西,如楼书、DM、iPad、礼品等,甚至汽车(自用型汽车和看房车)、冲锋车、手机等都属于硬件工具的范畴。

有的豪宅项目为了提升调性,为渠道人员提供汽车;有的项目为了便于数据管理,为每一位渠道人员购置了手机;还有的项目为了便于打"游击战",购置了冲锋车,包装成移动售楼处……在这里,笔者向大家介绍两种值得注意的硬件工具应该如何包装。

(1)楼书及宣传资料

如果问大家:项目楼书对客户真的有帮助吗?估计大部分人持否定态度。但是为什么开发商依然对楼书的创作和制作乐此不疲呢?不仅要做,而且制作成本逐年攀高,少则数十元一册,多则数千元一册,问起原因,回答:不为别的,不管客户看不看,就是想提高项目调性,让客户知道我们有钱!

这一夹杂了无奈情绪的答案道出了众多营销策划人的心声。的确,大多数客户对楼书的内容是不感兴趣的，只是把它当成是一本画册，做工精细的楼书被拿回家尚可摆放在书橱里，略显粗糙的楼书最终无法摆脱被扔进垃圾桶的命运。楼书现如今已经形同"鸡肋"，在所有营销道具中成了最无用的奢侈品！

在移动互联网时代，效率成为每一个人追逐的最终目标，客户希望在最短的时间内了解项目情况，而不是花费大量的时间去阅读。因此，笔者的观点是：摒弃传统的高端大气上档次的楼书，做一本简约而不简单的楼书！另外，从成本上来看，渠道人员面临的无效客户很多，如果拓客时发放楼书的话成本巨大，带来资源上的浪费。笔者认为楼书制作关键要注意五点，如图1-14所示。

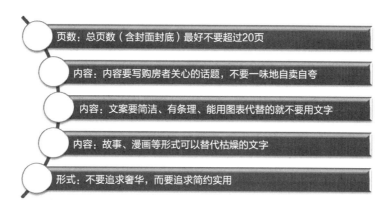

图1-14　渠道使用的楼书创作五要点

其他简单的宣传资料创作难度更大，记得有一位营销老总去参加某城市的房展会回来之后感叹："这哪是房展会，简直是'小蜜蜂'聚集地。从房展会上什么都没有拿到，每个'小蜜蜂'硬塞来的DM随手丢进了垃圾桶！"这句话的确真实地反映了目前渠道团队所用宣传资料水准之拙劣，所以在形式和内容上一定要坚持创新，设计出一张客户不愿意随意丢弃的海报，如在海报上印制抽奖信息、某季节养生之道、孩子入学注意点等对客户有帮助的信息效果会更好。

（2）定制各种礼品

根据渠道工作展开的深度不同，礼品的贵重程度完全不一样；根据渠道面对的客群喜好不同，礼品的形式也完全不同（见图1-15）。

碧桂园在礼品选择方面遵循了"实用第一、传播第二、品质第三"的原则，该公司一共选用了18种物件作为常用礼品，见表1-6。

碧桂园常用礼品　　　　　　　　　　　　表1-6

礼品种类	礼品名称
随手礼品	纸巾盒、无纺购物袋、鼠标垫、钥匙扣、车用物品防滑垫
定向礼品	折叠购物袋、计算器、品牌领带、计时笔筒

续表

礼品种类	礼品名称
常规礼品	保温杯、电热水壶、高档咖啡杯组、迷你吸尘器
认购礼品	品牌钢笔、银质餐具、豪华不锈钢电压力锅、电子式电饭煲、品牌豆浆机

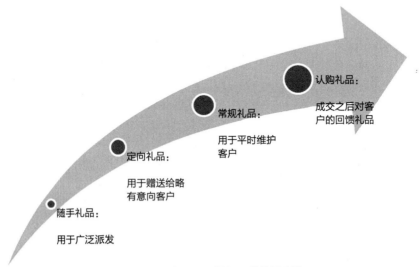

图1-15 不同的目的赠送不同的礼品种类

此外,礼品的选择要迎合客群的需要,如果某渠道小组要进某IT公司拓展,一定要选择他们平时需要且常用的礼品,如鼠标垫、U盘、护目眼镜等,如果是炎热的夏天,为大家每人定制一台微型电风扇也是不错的想法。

2. 软件工具

软件工具只有两个:精细版项目PPT(15分钟)和精简版项目PPT(5分钟)。看似简单,其实要把这两个PPT做好实属不易。

(1)精细版项目PPT

精细版项目PPT主要是针对一些对项目完全陌生但是有一定意向度的客户制作的,主要运用于定点拓客,尤其是在进入企业宣讲时显得尤为重要,PPT要控制在20个页面以内,页面虽少但需要涵盖五项内容:

1)区位及配套

此项只需要2~3个页面,通过图片、照片等形象化的表现形式让客户快速了解项目所在地。

2)规划及产品

此项需要6~8个页面,详细介绍项目的建筑规划、景观规划、产品结构、户型优势等。

3）客户购买的理由

此项需要 4～5 个页面，主要是把项目的核心卖点提炼给客户，这些卖点一定要具有不可复制性，如学区房、科技房等产品卖点，如价格优惠、金融政策等购房政策，这些可以直接挖掘客户的潜在需求。

4）客户现在购买的理由

此项需要 3～4 个页面，这部分内容主要是要营造紧迫感，告诉客户相关优惠，或者是诱人的政策，或者是近期的活动只在近期有效。

5）客户可享有的资源

此项需要 2～3 个页面，这部分主要是告诉客户近期售楼处内举办的一些活动，售楼处及社区内提供的某些服务，以及开发商的联盟商家可以为客户提供的一些专属服务或商品。

（2）精简版项目 PPT

精简版项目 PPT 适用于时间较紧迫或者已经对项目有少许了解的客户，主要运用于移动拓客，整个 PPT 要控制在 10 个页面以内，其中"区位及配套"占 1 个页面，"规划及产品"占 3～4 个页面，"客户购买的理由"和"客户现在购买的理由"各占 2 个页面，"客户可享有的资源"占 1 个页面。

值得一提的是，项目 PPT 要像销售说辞一样，销售说辞除了有统一说辞之外，还有一些个性化的说辞，项目 PPT 除了要实现项目层面的统一之外，针对不同的客群要定制不同内容的 PPT，因为客户的关注要点不一样，尤其是"客户购买的理由"部分。

3. 资源工具

资源工具主要包括五类：第一类是特权抵用券，比如洗车抵用券、酒店体验券、自助餐免费使用券、联盟商家折扣券等；第二类是购房抵用券，直接与销售挂钩；第三类是编外经纪人发展说明书；第四类是与各大商家的联盟协议及招商手册；第五类是针对性的合作方案。这五类资源工具都有其独特的用途：

（1）特权抵用券

主要是导客所用，通过抵用券一来可以为客户提供优质服务，让客户感受到超值服务，二来可以将客户导入售楼处，甚至是多次来访，增强客户的黏性，提升成交率。

（2）购房抵用券

购房抵用券面向的并非所有客户，也不是意向客户，而是经过多次接触需要"临门一脚"的客户，主要用于渠道人员上门拜访使用。

（3）编外经纪人发展说明书

渠道人员除了有导客任务之外，还有发展编外经纪人的义务，如果在工作过程中发现一些有潜力的人可以出示该说明书，里面详细记载了编外经纪人的权益、操作办法等，渠道人员也可以邀请他们填写申请表，以便向公司备案。

（4）商家联盟协议及招商手册

商家联盟协议指的是渠道人员在拓展客户时，尤其是与商家谈合作时随身携带的联盟协议，当然，这份协议是经公司法务审核过的。而招商手册内部详细说明了公司的招商政策，在谈合作的同时还谈招商，极大地提升了拓展效率。

（5）针对性的合作方案

"针对性的合作方案"一般是渠道人员与商家或资源方经过第一轮沟通之后提供的定制化合作方案，内容具有排他性。如某开发公司为了与苏宁电器合作，特意制定了一系列活动套餐，内含5种不同的活动内容：璀璨之约、丽人工坊、亲子同行、家居生活和理财课堂。

4. 移动客户端

中国早已进入"微时代"，微信、微博、微电影一直在影响着我们的生活，尤其是微信，已经不仅仅是通信工具，而是成为一种媒介，一种服务工具，目前它已经广泛地运用于房地产营销领域。

如旭辉的"微销宝"、万科的"同享会"、世茂的"宅经纪人"、碧桂园的"凤凰通"、龙湖的"友家置业计划"、绿地的"绿地会"等，均是借助微信端搭建全民经纪人平台的。还有的房企直接开发了APP，如金科地产的"金买家"、新城地产的"新城经纪人"、恒大地产的"恒房通"等，由于APP的推广成本、推广难度及运营成本远高于微信，因此国内房企APP平台发展得远不如微信端。

传统的渠道拓客方式是向客户索要电话号码，然后记录下来，或者是邀请客户填写一张个人信息表，但是这一方式已经逐渐被微信淘汰。

为了提升拓客效率，房企只要开发简单的"全民经纪人"系统即可，有了它，渠道人员只需要通过手机进行登记，数据会自动传输到后台。为了便于维护客户，系统还可以对所有客户进行分级管理，跟踪记录全部显现，销售人员可以较为容易地判定客户的意向程度，然后制定针对性的策略。除此之外，系统还设置了销售业绩排行榜，通过排名激发渠道人员和销售人员的斗志。可以这么说，微信平台是不可替代、效率最高的拓展工具，谁将其做到极致，且运用到极致，谁就可以掌握渠道营销的未来。

由于微信端的全民营销平台牵涉到大量的使用技巧、功能分类、增强黏性等问题，在本节就不做详细介绍了，下一节我们将就全民营销的移动平台的几大亮点做重点阐述。

[第六节]
全民营销移动平台的搭建

2014年12月23日,万科集团总裁郁亮通过万科周刊对外发布了一封题为《勇敢探路坚定转型——致万科全体同仁的一封信》的公开信。在信中郁亮透露,就在当日万科完成了年度回款2000亿的目标。

郁亮在公开信中还强调,除了行业进入白银时代,万科面对的另一个重大转变是移动互联网时代的到来。"互联网不仅仅是一种技术革新。正如蒸汽机的普及结束了对手工生产和体能力量的依赖,互联网时代最大的变化,是知识经济的全面崛起。对于万科来说,这是一个巨大的机会,抓住这个机会,我们就有可能实现由卓越企业向伟大企业的飞跃。"

这段话理应得到所有地产营销人的重视,"得移动互联网得天下"时代已经开启,而在目前的运用中,营销体系尤其是全民营销体系更是移动互联网的直接受益者。

正因为万科如此重视移动互联网,所以在过去的两年里,万科的全民营销做得风生水起,当然其他房企也做得精彩纷呈,在这里向大家介绍几个突出的案例:

1. 万科:"全民营销+购房理财"模式

广州万科携手明源云客共同开发的全民营销新工具"同享会",于2014年9月1日以崭新界面热辣上线。该平台具有四大优点:(1)操作简单:只需动动手指扫描二维码,进入同享会微信平台,注册成为自由经纪人即可在线报备推荐意向购房者;(2)"积分+佣金"双重收益;(3)对于表现突出者通过"荣誉+认证"的方式予以表彰,并给予额外奖励;(4)跨区域联动,不仅仅可以推荐本城市的项目,还可以实现多城市、多项目联动。

同时,万科与腾讯携手推出了首款地产互联网金融产品:万科理财通。它不仅可以起到"存1万抵N万购房优惠"的作用,还可以将预订金转化为理财产品,无论成功认购与否,客户都能享受理财收益,找回沉没的资金成本,将属于客户的资金收益回报给客户。

2. 碧桂园:凤凰通"全球房源中心"

碧桂园是全民营销做得较好的企业之一,其团队自主开发了全民营销移动端——凤凰通。该平台具有"高额佣金、优质项目、便捷售楼、快速结佣"的特点,平台专设"全球房源中心",涵盖全球100余个城市200多个项目,包括项目的详细信息、精美微楼书等实景画面和项目资讯。多个项目设置了一键"720°全景看房"功能,实现"远在千里之外,而身临其境的跨时空体验"。

值得一提的是这个系统不仅功能强大,而且特意在"活动公告"版块时不时地推出激励政策,要么是派发百万红包,要么是玩游戏赢iphone6,要么是哪个项目开始重酬经纪人……据悉,凤凰通已发展了近10万编外经纪人,成功推介案例不胜枚举,并形成了强大的自媒体营销阵营。如海南"碧桂园·珊瑚宫殿"项目通过微信售楼处发起百万现金淘金活动,微信卖房也疯狂,实现项目品牌和营销的双丰收。

3. 绿地会:带来"四微体验"的营销平台

绿地集团发布的名为"绿地会"的微信平台把对会员的服务转移到移动端,推翻固定思维定式,突破传统模式瓶颈,集信息展示、会员系统、掌上理财、售后维护各环节于一体,真正实现微信全方位房产服务,为移动购房时代带来"四微体验"。

(1)微电商:汇集全球项目,实现掌上购房

在"绿地会"平台中,绿地集团全球200多个项目信息集中于此,用户可以像在超市选购商品一样通过平台搜寻全国任意一个绿地旗下项目,无须到达销售现场、无须置业顾问、无须现场排队等候,就能完全了解项目并完成意向认筹。在此过程中,微信"理财通"扮演着不可或缺的角色。

以往用户选择购房的时候,动辄几万块的款项需要支付给开发商,如果未能成功购房退款过程耗时久手续繁,而"绿地会"平台则提供了另一种便利的可能:意向金可转化为微信理财通本金,持续阐述收益,既不影响购房计划,又能享受理财收益,未能成功购房时,这笔金额能以最快速度归还到用户账号,省心省力,这也是绿地"微电商"的便捷优势所在。

(2)微媒体:会员推广平台,全民可当经纪人

"绿地会"平台突破传统的微信营销模式,鼓励全民参与到项目推广中来,当用户介绍新意向客户时,老用户可获得积分激励,当新客户成交时,老用户将再次获得丰厚回报。

这种"滚雪球"式的老带新方式使人人都可以成为"媒体人",为项目进行宣传,在无形中拓展意向客户,同时也为"绿地会"平台的持续发展提供了更多可能性。

(3)微矩阵:智能管控,实现分级内部管理

传统微信营销账号多以单个项目为主,集团层面难以有效整合各项目资源,此次绿地将在平台内搭建"微矩阵"模式,从集团到事业部到项目部进行矩阵式的管理,将小的服务号汇集到大的推广平台上,接收统一调度,由集团统管全国微信信息,展开微信端的OA系统,各个级别的微信账号享有各自的监控权,实时了解各个项目的推广、认筹、粉丝数等情况。

(4)微服务:一站式会员服务,售前售后一条龙

除了队内管理,强大的运营后台将能记录到每一个用户的购房意向和进展,通过定位已认筹的服务进行精准推广,除了常见的信息咨询和选房预约等售前服务,绿地更加打破常规,将售后跟进到底。对于已经完成购房的客户,绿地也将为其打造完备的售后系统,

将物业服务一网打尽。

4. 协信：比余额宝更好玩的赚钱系统

传统的微信或 APP 是开发商站在自己的角度去经营和管理的，大多是以广告或新闻进行强硬传播，而协信集团在镇江开发的"太古城"项目的微信取名为"赚钱计划"，是一个集余额宝、带客通、微楼书、云商等功能为一体，同时具有传播功能的载体。

在界面设计上，该系统与余额宝极为相似（见图 1-16）；在使用上，协信彻底摒弃了"积分"的做法，而是采用"1 元协信币 =1 元人民币"的做法，任何客户均可以注册并登录该系统，并且可以通过注册、签到、转发新闻、邀请朋友注册、邀请朋友转发等多种手段赚钱；在全民营销方面，注册客户可以推荐亲友前往售楼处，并且获得相对应的"人民币"。

除了赚钱之外，该系统还设置了花钱功能，如用赚来的"人民币"到项目配套商业进行消费，可以用来洗车、抵扣物业管理费、抵扣车辆管理费等，凡是用过该系统的人都把它当成是一种赚钱的工具。

图1-16　协信太古城微信界面

全民营销移动平台使用规则小贴士：

一、经纪人权利与义务

（1）经纪人需自行配备上网所需设备，负担个人上网所支付的与此相关的电话费用、网络费用。

（2）经纪人必须提供本人真实、正确、最新及完整的资料，注册人的姓名、电话、银行卡作为佣金结算对象的凭证。若您提供任何错误、不实、过时或不完整的资料，导致不能成功结算佣金，×集团不承担任何责任。若资料的不实性为×集团所确知，或者×集团有合理的理由怀疑资料错误、不实、过时或不完整，×集团有权暂停或终止您的账号，并拒绝您于现在和未来使用×集团微信全部或部分的服务。

（3）经纪人注册的用户名不能侵犯他人合法权益，不能对他人名誉权造成侵犯。×集团有权收回对×集团或者他人合法权益有侵犯嫌疑的账号。

（4）经纪人可以通过×集团的微信公众账号或者现场培训（需要预约），了解各项目的资料、在售产品情况，并正式、准确传播项目相关销售信息，不弄虚作假传播任何虚假信息。

二、经纪人与被推荐人推荐关系的确立方式

（1）经纪人通过公司全民经纪人平台推荐有购买意向且未曾到访过项目的客户，被推荐客户15天内到访指定项目，并登记个人基本信息认定有效；若被推荐后15天内未到访指定项目，则自动过期（以本公司销售系统判定结果为准）。

（2）×集团会根据公司销售系统的记录反馈推荐客户的身份是否成立。客户记录以推荐项目、客户姓名及电话号码记录为判断标准。

（3）经纪人不能把自己推荐为诚意客户。

（4）经纪人无须带诚意客户到现场。

（5）经纪人不能恶意推送诚意客户信息，包括但不限于虚假的电话号码、没有购买意向的客户，一经发现，×集团有权暂停或终止账号。

（6）经纪人推荐成功客户后，后期由公司负责人跟进，若中途被推荐人取消购房意向，则系统订单标注为已取消，则视为本次推荐无效。

三、被推荐人成交以及结佣

（1）被推荐人在本协议约定时间内到达销售现场后由×集团安排专人接待，被推荐人到场、成交、签约的过程，经纪人可以通过×集团全民经纪人微信平台查询。

（2）被推荐人成功购买×集团旗下指定在售项目的房源且房屋全款付清到账，经纪人可在成功购房后约定时间内获得佣金，具体时间及佣金见各楼盘全民经纪人规则。

（3）经纪人需陪同被推荐人在指定时间到指定地点与公司负责人员签署购房合同，才能获得相应佣金。

（4）经纪人的佣金均需要按照国家税法的规定缴纳个人劳务所得税。

（5）"佣金收益"的结算通过转账或现金的方式结算。

四、佣金结算方式

全额佣金结算方式：

（1）推荐成功即被推荐人签署认购书并缴纳房屋定金后，经纪人需陪同被推荐人在30天内到×集团指定地点书面确认身份，否则不享受相应的推荐奖励。

（2）被推荐客户成功买房之后，推荐人根据各楼盘佣金支付规则，获得相应佣金。

佣金结算注意点：

（1）被推荐客户信息经验证有效，被推荐人需在指定时间到指定地点书面确认身份，领取相应信息提供奖励。

（2）被推荐客户未在有效时间内与×集团签署购房合同，未能成功购房，订单将被视为失效订单，经纪人无法获取相应佣金。

五、佣金判定规则

（1）经纪人在公司全民经纪人平台上录入的本人姓名、电话及推荐人的姓名、电话及银行卡信息需真实准确，如不符，则不予结算佣金。

（2）同一被推荐人拥有多个号码，被多个经纪人推荐，一经系统及×集团判定为同一客户，则以推荐系统录入推荐时间最早者为准，剩余推荐均判定为无效推荐，被推荐者成功购房后，最早推荐者获得佣金。

（3）推荐客户认购，但最终退房，推荐该诚意客户的经纪人不能获得佣金收益。否则×集团有权从经纪人未结算佣金收益中扣除，经纪人对此不持异议。

（4）×集团对于客户的界定持有最终的解释权，经纪人获得的推荐奖励均为税前奖励，具体税费以政府相应规定为准，如有调整，按照政府最新规定执行。

Chapter 2
第二章
房地产渠道拓客思路

渠道管理只做两件事：找到客户和搞定客户！其前提是必须知道客户在哪里，我们面对的是不同行业、不同特征的客户，但纵有千丝万缕，也要悉心梳理，否则渠道会被"堵塞"。渠道亦如战场，战况千变万化，唯有根据战情制定灵活的应对战术才能获取最终胜利，战术就是思路，思路决定出路！

[第一节]
全民营销体系的打造

全民营销，顾名思义就是让所有的人都来卖房子或帮助推荐房子，只要能促成成交，来者不拒。这已经不是一个新的概念了，据悉最早打出"全民营销"概念的是绿城集团。当年绿城集团遭遇销售压力，宋卫平亲自挂帅上阵，提出"全民营销"这一在当时看来标新立异的销售模式。

宋卫平提出，首先将原本驻守在售楼处的销售人员赶出办公室，到社会上去寻找客户；二是借用社会上二手中介的经纪人，从中面试并挑选出两三百个优秀人选成为绿城的签约经纪人，帮绿城卖房子，大力拓展销售渠道；此外，向全社会成员完全开放房源，任何人带来客户成交的，都可以拿到佣金。

宋卫平甚至给自己也压了销售任务，要求包括自己在内的董事长办公室的3个人完成3亿元的销售额。他表示，"欢迎大家来找我买房子。"该模式助绿城在2012年上半年取得了约219.5亿元的销售金额，也是全民营销第一个"吃螃蟹"的房企。

然而，绿城的这一模式并没有持续太久，后来被碧桂园、融创、恒大等彪悍的渠道模式所淹没，现在几乎每家公司都高举"全民营销"大旗，可惜的是能做好的绝不超过五家，那么，如何有效地布局全民营销这盘大棋呢？

明源地产研究院认为全民营销需要注意的四大要素，曾获得业内的普遍认同，不过笔者认为应该在此基础上再增加一个关键要素（见图2-1）：全员营销是全民营销的重要基础！

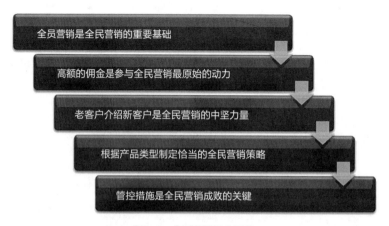

图2-1　全民营销五大要素

1. 全员营销是基础

没有全员营销，怎谈全民营销？全员营销倘若做不好，何谈全民营销？

在笔者平时授课中，很多营销人员甚至是管理人员根本搞不清楚这两者之间的区别，正好借此书普及一下这两个概念。简单地说，"全员营销"指的是企业内部所有人均参与到营销活动中去，具体体现在"人人营销、事事营销、时时营销、处处营销"；而"全民营销"指的是企业管理者通过整合内部和外部所有资源，达到快速销售的目的。所以说，全员营销是全民营销的基础！

全员营销的着手点目前只有两个：第一是内部员工购房及亲友购房，第二是各部门合作方抵房或购房（见图2-2）。

图2-2　全员营销中各部门可以利用的资源

图2-2中列举了各个部门必然接触到的资源，要么可以介绍这些资源来购房，要么可以与之洽谈拿出合作总金额的一定比例来抵房，如果充分挖掘与利用，可以大大地缓解公司的资金链。据某国内排名前50的大型房企营销负责人透露，该公司仅合作方抵房的总金额可以占到总销售额的20%以上，贡献巨大！

全员营销工作能够得以展开的关键是公司层面的绝对支持，否则只会虎头蛇尾、形同虚设。如果展开得当，公司会形成"你追我赶"的局面，每一个工种在做事情之前首先会想到销售，"以营销为导向"的理念将会根深蒂固。上海融创绿城就是典型的例子，销售从来不只是营销部的事情，每个月其他部门也会背上相应的指标，在公司的食堂里，赫然挂着每个部门每月销售实时动态表，让每一位员工都有紧迫感。

全员营销管理小贴士：

某集团全员营销管理制度（部分章节）

一、适用范围

集团公司、各区域分公司全体员工；员工购房及第三方包销房源不参加泛营销政策；如出现违规、违纪操作行为，一经发现，相关人员除全集团公司通报批评外，并处以奖金金额双倍的罚款处理；严重者以开除处理。

二、激励政策

（1）每个项目、每种产品对应不同的佣金比例（此处略）。

（2）项目间置业顾问客户资源推荐成交的（指 A 项目置业顾问推荐客户到 B 项目成交的），A 项目置业顾问也该同样提取该笔业绩佣金，佣金比例以当月本人佣金点数为准，佣金计入 B 项目营销费用。

三、操作流程

（1）客户到访前报备及确认：员工确定新客户到访时间，并在客户到访前向管理专员报备，待管理专员通过明源系统确认该客户非案场客户后登记备案，并将准客户到访告知项目销售经理，由销售经理安排置业顾问准备接待，到访前未向管理专员作登记备案的，即使该客户成交，员工推荐不成立。

（2）在新客户签订认购时，须当天经项目营销总监、销售经理在《全员营销确认单》签名确认。一式三份：员工一份、项目销售部一份、管理专员处一份存档。

（3）该客户在签署合同时如需更名，必须系直系亲属，并提交相关证明，如更名后的直系亲属存在到访记录，时间在员工电话联系管理专员备案前的，则员工推荐不成立。

（4）地区公司营销管理部每月初统一收集各项目上月《全员营销成交登记表》及《全员营销确认单》进行归档和核查。

（5）各项目营销部每月 20 日参照置业顾问佣金审批流程进行 OA 流程提报，并抄送公司集团品牌营销部销管中心进行核实及存档。

四、奖励生效条件

（1）新客户一次性付款，新客户付清房款签订买卖合同后，奖励生效；

（2）新客户为按揭购房，新客户贷款放款后，奖励生效；

（3）新客户分期付款，付款达到 60% 或以上，奖励生效。

五、奖金发放形式

本公司内员工推荐成交的奖励，由所在公司人事部将奖金发放到员工的月度工资里，并按照国家规定足额缴纳个人所得税；如非本公司员工而是其他城市公司员工推荐成功的，奖金由业绩受益公司人事部统一发放，员工可按提供符合财务要求的发票后领取，如无法提供发票的，按劳务报酬所得扣除对应税金后发放。

六、全员营销政策和老带新政策不能同时使用，二者只能选其一。

2. 高额佣金是动力

目前房地产内场销售员的佣金点数为 0.15% ~ 0.3%，渠道人员的点数为 0.4% ~ 0.6%，而非公司员工介绍成功后佣金点数至少为 1%，主要原因是渠道及非公司员工占用公司的资源最少，提升了运作效率，缩短了成交周期，另外一方面，唯有高额的佣金才能激发非公司员工的介绍热情。

2014年底,"明源云客"发布了"2014年房地产全民营销7宗'最'",文中提到了三个"最":

（1）推荐成交效果最好——万科

万科广州区域在售及将售项目达13个,房源逾万套,公司打出了"5000万佣金寻找销售合伙人"的旗号,虽然折算到单套佣金中不算高,但"5000万"这个数字引起了市场的关注,其结果也是喜人的:广州万科截至12月26日,全民营销同享会平台（会员以老业主为主）,经纪人推荐客户4318人,到访客户1155组,成交641套,累计金额5.2亿!

（2）最牛经纪人奖励——1套房

当其他开发商在对推荐卖房提供2%、3%高比例佣金的时候,青岛鲁商地产喊出了"推荐客户最多奖励一套新房"的口号。2014年7月下旬,该公司旗下的"泰晤士小镇"项目开展全民营销,对经纪人推荐客户进行业绩排名,成功签约数量最多的市民,获得了该项目新房一套。

（3）单套佣金最高——28万

该口号来自于江苏苏州的吴中地产,这一政策的强势推出带来了"50天的时间内成交158套"的优异业绩,其中别墅大平层等高端楼盘成交量占3成,成交金额达2亿元。

3. 老客户介绍新客户是中坚力量

"老带新"这个话题几乎每天都在谈,每个公司也都将老客户作为全民营销的重要人选,因此,各种维护老客户的办法应运而生。据统计,绿城集团作为维护客户最优秀的房企,老业主意向再购比例达71%,业主重复购买比例高达40%,业主意向推荐比例达79%,转介绍成功率高达30%！这一切都源于绿城集团完善的老客户维护保障体系（见图2-3）。

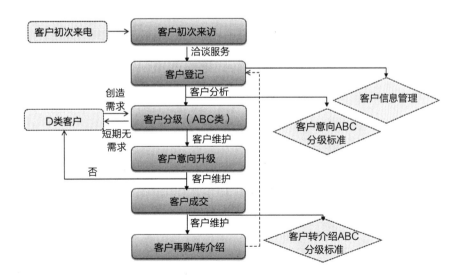

图2-3　绿城集团老客户维护保障体系

从图2-3可知，绿城从客户进入售楼处开始，服务也就展开了，"客户分级"体系的建立为了解客户需求从而制定相应的服务策略奠定了基础。正是源于对客户需求的充分了解，才可以促使客户成交或介绍新的客户。

不仅如此，绿城物业提出的"全龄化园区服务体系"也是维护老客户，建立美誉度，培养业主忠诚度的重要手段。如面向老年人的"红叶行动"、面向孩子的"海豚计划"和"四点半学堂"、面向所有客户的社区餐厅和社区医院等，无时无刻不体现出对业主的尊重，在这样的氛围中，老客户自然愿意成为编外经纪人，积极地参与到全民经纪人的活动中来。

对于调动老客户参与全民营销积极性的问题，这里再提出两个小建议：

（1）优惠赠送要双向

有的项目只把相关利益赠送给老业主，因为新老客户一般是亲友关系，这会让新客户有种被利用的感觉，同时也影响老客户的推荐积极性，其实老客户有的时候要的不是利益，而是面子，利益一定要双方共享，新客户享受的优惠甚至比老客户得到的利益要多，这才不会伤害彼此的和气。

（2）兑现利益要提前

很多公司规定新客户必须签完合同之后且贷款审批下来之后才可以兑现奖金，有的客户签约战线较长，导致老客户的奖金遥遥无期，其实老客户是要享受一些特权的，其实新客户只要交纳首付款即可，尽早兑现奖励，客户才会更有斗志。

关于"老客户的再次拓展"问题将在本书第三章第八节详细阐述，这里不再深入介绍。

4. 根据产品类型制定全民营销策略

我们是否思考过这样的问题：为什么碧桂园集团选用广撒网式的渠道模式？为什么恒大集团的渠道模式是"人海战术"？为什么融绿特别钟爱圈层式的渠道模式？

这与每个公司推出的产品类型有莫大的关系。

碧桂园和恒大的产品是以刚性需求为主的，而融绿旗下的项目大部分是改善型和再改型产品，甚至是豪宅类产品。所以说，产品不同，渠道模式不同，这也导致全民营销策略不同（见表2-1）。

不同产品类型及不同渠道模式对应的全民营销策略　　表2-1

产品类型	渠道模式	全民营销的主体	维护方式
刚需型产品	广撒网/人海战术	所有人	利益为主、情感为辅，全面发动
改善型及再改型产品	圈层模式	各行业精英，有一定资源的人	"外紧内紧"策略：对待业主要利益与情感共存，对待外埠销售员要催发斗志
豪宅型产品	圈层模式/点对点模式	各行业精英及各行业内领袖	"外紧内松"策略：对待业主要以情感驱动为主，对待外埠销售员要不断出台激励措施

依然以海南的"碧桂园·金沙滩"为例，2014年3月一期开盘推售数千套，一反常规的是碧桂园竟在本次重大开盘中追求零广告投入，正式拿出"全民营销"杀手锏，面向全社会招募经纪人，同时推出了"旅游看盘"活动，据称碧桂园包揽客户三天两夜海南游机票及喜来登酒店吃住费用，而每位客户只需象征性交纳600元，仅仅两天内，碧桂园获得约4万名客户报名。

和碧桂园不同，绿城集团的全民营销策略选择点对点形式，首先绿城集团参与全民营销的首批经纪人是从全国公开选拔招聘而来，保险、证券、汽车各行业的销售精英被选中，其后又向社会宣布，只要转介客户成功即可获得1.5%的高额佣金，这是一种"高佣金刺激＋签约经纪人点对点＋外围销售员介绍"相结合的模式。

5. 管控措施是关键

由于销售内场、渠道、外部经纪人成交之后获得的佣金比例不一样，导致了全民营销体系中最难的便是管控措施，大规模集团化的全民营销，要求开发商要有一套完整、公平、公正的监督保障体系，不然就成了销售人员谋取私利的工具；其次要求整个体系的配合要迅速有效，"拓客、成交、转介"其中一个环节出现问题时，都会呈现连锁反应。

客户的归属与认定是管控的难点，为此我们必须做到"三保障"（见图2-4）。

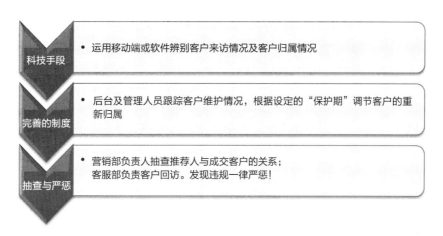

图2-4　全民营销管控体系"三保障"

科技手段指的是运用微信端或明源软件等来判定客户的来访情况，同时可以判定客户的归属问题，这个问题目前已经得到很好的解决。

完善的制度指的是动态的后台管理，因为自客户首次来访后，以后客户的每一次行动轨迹及需求变化都已经被记录下来，一般公司会设定15天或30天的"保护期"，如果在规定的时限内客户尚未成交，那么该客户则会被重新分配给其他销售人员。

"抽查与严惩"是工作量最大的，由于全民营销牵涉人数众多，不可能对每一个成交客户进行严格检查,所以采用"抽查"的方式,首先营销部管理人员要对推荐人与成交客户之间的关系进行抽查,然后客服人员可以根据双方填写的信息进行交叉询问和调查,如果发现内场销售人员与外埠销售员有违反职业操守行为,一定要予以严惩。没有完美的管理制度,我们能够做到的是不断完善制度。

[第二节]
绘制客户作战地图

作战地图,是战前最重要的指挥工具!古往今来,无论哪一家军校都会将绘制作战地图作为军官的基本技能来特训!

渠道,因团队人员多、找到客群难、接触客群多等特点,导致管理难度很大,因此,作为渠道管理人员必须得掌握绘制客户作战地图的技巧。

那么,如何掌握这门技巧呢?业内并没有统一的做法,笔者经过研究认为绘制合格的作战地图要经过四个步骤,如图 2-5 所示。

图2-5 渠道客户作战地图的绘制步骤

1. 市场调研:侦查工作要先行

在传统的营销体系中,市场调研工作仅限于城市或区域经济发展、客群的生活习惯、客户对房子的要求、竞争项目产品及销售情况等基础信息,但是在房地产营销全面进入渠道时代的今天,我们需要赋予市场调研更多的内容。

我们认为,市场调研首先要实现两大转变:(1)从单纯的房地产市场调研到全社会及经济状况的全面调研!(2)从"轻商业"理念向"重商业"理念的巨大转变!

渠道工作强调的是与潜在客群的零距离接触,从人的生活行为来看,除了家庭之外,白天大部分的时间是在工作,每个人不可避免的是工作与消费,因此找到工作场所和消费场所(统称商业场所)对于渠道人员来说至关重要,不管渠道团队所服务的是住宅项目还是商业项目,找到客群必须从"商业场所"开始。

市场调研工作一般要持续 15 天左右，除了一般的调研内容外还应包括如表 2-2 所示的内容。

市场调研内容　　　　　　　　　　　表 2-2

调研类别	调研内容	所起作用
城市经济状况	支柱产业	了解客群从事的行业及市场容量
	经济结构	了解客群分布于各个行业的比例
	商业类型	了解客群的职业以及消费去向
	城市发展格局及特点	了解拓展渠道的重点及拓展方式
各行业发展状况	城市各区域发展状况	了解各个区域特点，制定对应拓展方式
	城市各区域经济情况	了解区域客户容量，拟定投入的兵力
	知名商家或企业	了解拓展重点，制定拜访计划
	消费客户的特征、规模等	根据客户特点制定与商家的合作方式
	……	……

2. 客户细分：勾勒客群，划定区域

经过精细的市场调研之后，我们对城市经济、区域经济及商家、客户消费习惯、市场容量等有了较为深刻的了解，下一步工作就是梳理渠道与客群的接触面，并且根据项目推出的货量及结构划定拓展区域。

业内公认的客群分类（按照职业分类）可以粗分为八大类，见图 2-6 所示。

渠道管理人员需要做的最重要的工作就是根据以上这八大类别梳理"客户资源表"，寻找到客户接触面、接触线和接触点。"客户资源表"要求罗列要尽量详尽，包括单位名称、单位地址、单位人数、组织构成、单位经济效益、对接人姓名、对接人电话等，有了这些资源信息之后，一定要在地图上标示出来，记住，不同的类别要用不同的符号标出来，以增强可识别性。

以上是按照客户的职业进行划分的，刚才我们提到，商业场所分为工作场所和消费场所两个类别，工作场所能覆盖到的地方消费场所未必能覆盖到，因此为了查漏补缺，我们还要根据"衣食住行"（见图 2-7）再次进行客户的梳理工作。

同样，把这些信息也标示在客户地图上，自此，客户地图的资源标示工作全部完成。渠道管理人员可以根据每一个资源的客户容量初步估算

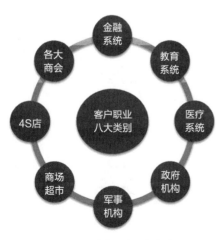

图 2-6　客户职业八大类别

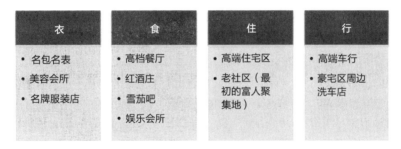

图2-7 根据"衣食住行"圈定的客户去处

每个区域的总容量,然后根据容量和渠道人员的配置来判定区域是否需要再划分。

3. 制定策略:战略战术灵活自如

在完成了以上两个步骤之后,下面进入策略制定阶段,由于每个城市、每个区域、每个行业、每种客群的情况各具特点,所以战略与战术都不尽相同。

如某区域是以旅游度假为主,那么可以依托丰富旅游资源,结合机关疗养院、军政医院、学校等企事业单位,重点开发旅游、教育、医疗等资源;如果某区域是以教育为主,那么应该多与学校、培训机构等建立联系,开展一些有关学术探讨类的活动;如果某区域商家资源丰富,那么渠道管理者应该配备更多的优质兵力在该区域,并且针对不同的商家和不同的客群定制迎合客群需求的活动,采取与商家进行互动取得双赢的合作形式……

在制定好策略之后,渠道管理者还应该针对每个拓展区域下达三大命令:(1)拓客方式细化,选择哪些拓客手法,如何接触客群,需要哪些物料,如何发展编外经纪人等;(2)时间节点与任务分解,每个阶段设置多少个展点,开展多少场活动,预计拓客多少组等必须要量化;(3)渠道人员的配置,分为几组,配置多少人,怎样的管理模式等。

在这一过程中,最大的风险是策略与管理方式过于呆板,这就要求营销管理者要适度放权,给予一线人员一定的自由度,管理者应该多发挥服务功能,确保拓客任务的顺利进行。

4. 策略执行与修正

所有的前期策略必须得到很好的执行才能发挥其功效,优秀的执行能力对策略也可以起到修正作用。渠道工作展开后,管理人员一定要时刻关注一线人员反馈过来的数据,同时要不断地听取一线人员的声音,尤其是对客户的描摹,判断是否与当初的设想相统一,如果出现偏差,应该立即改正避免南辕北辙。

另外,既然是作战地图,"时局"在变化,那么地图本身也应该随之变化,哪些是已经拓展的,哪些是有效的,哪些是无效的,取得了哪些效果都应该在地图上标注出来,不仅便于渠道人员有目标地开展下一步工作,还便于管理者对工作绩效进行判断。

如位于江苏镇江的"协信·太古城"项目开盘之前,渠道团队在短短的12天之内摸排了镇江有支付能力的居住小区 64 个，拜访了 75302 户人家，该团队不仅绘制了一张客户总图，而且为 64 个小区绘制了细化的客户详图，每个小区、每个楼栋、每个单元都责任到人，每完成一个楼栋均要在地图上标示出来，工作做得非常扎实。

经历了以上四个步骤，一份不断完善、但永远不可能完整的客户地图就算是走上了正轨，这张地图将是渠道工作的总纲，"得该图者得天下"，所以任何一个渠道管理人员都不能忽视地图的重要性。有了地图之后，我们该怎么开展拓客工作呢？在下面的章节中，我们将详细阐述每个行业的拓客思路。

[第三节] 金融系统拓客思路

凡是与金融行业相关的人，大家都习惯称之为"有钱人"，因为无论是金融行业的从业者，还是他们接触到的客户，都属于高端客群，因此，成为渠道人员相互争抢的"肥肉"。事实也的确如此，自从行销工作盛行地产界后，金融系统一直在扮演着重要的跨界作用。

不过令人遗憾的是，渠道人员对金融系统客群的发掘并不深入，甚至对寻找客户的路径都不是很清楚，如果询问渠道管理人员该如何找到金融系统的对接人，十之八九会回答：找大客户经理啊！可是，金融系统里的"大客户经理"在哪里？

所以说，我们对金融系统并不熟悉，要想做好金融系统的拓客工作，要从了解金融系统开始。

1. 了解金融系统

说到金融系统，大家脑海里首先冒出来的一定是银行，其实银行只是其中的一员，证券公司、保险公司、贵金属投资公司、期货机构等都属于金融系统的范畴（见图2-8），随着国家对民间资本政策的放开，民间投融资机构发展迅猛，此类公司也不容忽视。

图2-8　金融系统的分类

那么，圈定了这些机构之后，我们应该如何正确地找到对接人呢？当然，图中所列的每个机构都有各自的客户服务部门，但是每个机构的部门设置是不一样的，甚至连不同的银行组织架构都有所不同。

要知道每家银行，尤其是分行都设置了二十个以上的部门，但是真正与客户接触的部门绝不超过五个，而支行的部门设置相对简单，掌握客户资源的部门一般只有两个：信贷部和理财管理中心。但是我们千万不可忽略一个问题：银行从业者本身就是稳定收入者，甚至是高收入者，因此作为与每一名职员保持密切关系的"工会办公室"这个部门我们也不可忽视。

有的渠道人员会问：这么曲折干嘛，直接找到行长不就一次性解决所有问题了吗？当然，如果找到银行的最高领导人的确可以节约时间和成本，但是很多时候我们费尽心机找到行长可能花费更多的时间和成本，而且行长并不会负责到具体的合作事务中。但是可以在与银行的初次合作之后邀请行长参加，并且建立长期的合作关系。

再说说证券公司吧，该类公司相对简单，有三个部门值得关注：投资管理部、理财客户部和私人客户部，还有的证券公司设置了大客户销售与交易部，名称不同但工作内容完全一致，这些部门接触的客户可能会更加优质，因为随着人们理财观念的逐步打开，大家更加愿意将资金转向理财市场，而不是老老实实地存放在银行里。

2. 金融系统客户特征

（1）金融从业人员特征

1）底薪低，福利高

根据国家权威部门报告，金融行业从业人员的平均薪资在国内排名前五位，但事实上这部分人的底薪并不高，从业两三年的职员底薪在两三千元的比比皆是，支行的负责人薪水也不过万元，但是银行的福利制度非常完善，除了国家强制的"五险一金"之外，另外购物卡、奖金、节日福利金、各类补助等较为丰厚，一般基层人员的综合年薪在 8 万～10 万元之间，中层管理人员综合年薪在 15 万～30 万元之间，是名副其实的高薪阶层。

2）对数字敏感，对房子要求苛刻

鉴于每天与数字打交道的原因，金融从业人员对数字非常敏感，精于算计，对房子的要求非常高，他们在购房之前会走遍所有的售楼处，收集所有楼盘的宣传资料，然后拿回家慢慢研究，最终选出一套性价比最高的房子，因此他们的成交周期相对较长。渠道人员在与他们接触时要更加有耐心，而且要重点从理性的角度去帮助他们分析房子的优势。

3）痴迷理财，行业专家

该类人群不习惯将资金放在银行里，而是喜欢购买理财产品，对经济环境有着较高的敏感度，对每一个投资领域都有一定的见解，正因为如此，他们的客户对他们有着较高的信赖度。渠道人员要想与他们有共同话题，必须恶补投资知识，尤其是不动产的保值与增值方面的说辞一定要禁得起推敲！

（2）金融投资客群特征

1）精明

投身理财的客户自然都是精明的人，他们有着非常敏锐的经济嗅觉，有的人心态平稳希望让财富持续保值，有的人心存投机妄图一夜暴富，无论是哪种心态，"增值"是他们首要考虑的问题！因此，与他们接触的过程中，不动产的"增值"是不可避免的话题。

2）聚拢效应明显

其实从事理财的人大多财富并不多，顶多算是"富足"，真正的财富拥有者会把自己的资金放在生意上，而不是满足于每年几个点的回报。由于理财的人投资渠道较少，所以比较信赖自己的客户经理，只要银行内部开展一些理财活动，他们往往趋之若鹜，很多银行的理财产品销售得特别好，尤其是180天内的短期理财产品往往被抢购一空，这充分说明这部分客群的聚拢效应非常明显。

3）虚荣心较强

刚才说到这部分客群属于"富足"阶层，导致自我感觉非常好，所以在选购房子的时候一定会将房子作为彰显身份的"名片"，只有品牌楼盘才能打动他们，所以渠道人员只是一味地讲述产品优势是远远不够的。除此之外，在营销过程中，为他们提供与众不同的服务，增强体验感，让他们感受到独有的优越感也很重要。

3. 金融系统拓客方法

通过对以上两大类客群的了解，我们可以初步形成对两类客群的拓客方案，如图2-9所示。

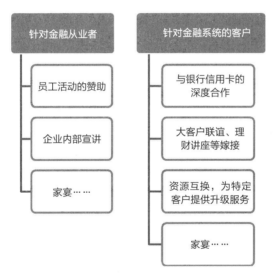

图2-9　针对金融系统内部人员和客户的拓客方法

（1）员工活动的赞助

金融体系福利制度非常完善，员工的业余生活丰富多彩，要想与内部员工零距离接触，渠道人员可以找到类似于银行的"工会办公室"这样的部门，为员工定制一些活动，记住，没有人愿意接触一个想要卖房子给他的人，做销售之前要做人，建立信任感，那么组织一些诸如免费看电影、员工趣味运动会等活动都是不错的接触办法。有了这些活动的铺垫，那么进入企业内部进行宣讲，邀请有意向的人员到样板房进行家宴等活动的推进也就水到渠成了。

（2）与银行信用卡的深度合作

为了达到客户共享的目的，营销高管可以从公司层面与银行合作，制作且发售联名信用卡、联名储蓄卡等,该模式已经为很多房企所使用,且项目开发贷款、客户按揭贷款等均可以达成战略合作关系,这为两家企业后期的深度合作奠定了坚实的基础。

(3)回馈客户活动的赞助

金融系统内部经常会组织一些大客户回馈类的活动,包括客户联谊会、宴会、理财讲座等,渠道人员可以嫁接的方式或者以主办等方式介入,可让银行方面减少支出,同时也可省去他们烦琐的活动组织工作,在这种背景下会让开发商与银行有较大的合作可能。但值得注意的是,此类活动介入要有度,如果掺杂太多的目的性往往会适得其反。

(4)资源互换,为客户提供深度服务

上文我们提到金融系统的客户虚荣心极强,渴望得到认同,我们可以迎合这样的心理,为了增加他们的到访量,建立客户黏性,开发商可以与金融机构合作,凡是金融机构的客户到售楼处或社区内可以享受特定的 VIP 服务,就像机场里设置的某航空公司的 VIP 客户接待室一样。

银行合作小贴士:

中国银行江苏省分行与南京世茂房地产开发有限公司发行了一种名叫"长城世茂联名卡"的多功能卡,这是首张银行和开发商合作服务于高端客户的银行卡。羽毛球世界冠军葛菲、孙俊夫妇作为南京"世茂滨江新城"项目的业主代表,成为 001 号联名卡的主人。

"长城世茂联名卡"是一张具有四重功能的银行卡,据介绍,拥有联名卡的中国银行用户可以享受"世茂滨江新城"项目推出 1 号国际公寓的优先认购权;联名卡客户在指定时间内签约购买"世茂滨江新城"1 号楼,可以享受开发商免费赠送的契税优惠;同时,联名卡可申请升级为中国银行长城信用卡;项目建成后,业主持有的联名卡又可以升级为社区"一卡通",不仅用以刷卡进门,而且可以缴纳物业管理费、固定电话费、有线电视费等日常费用,甚至持卡进入任何一家开发商的特约商店直接消费。

这是银行与开发商建立策略联盟,联合拓展、共同分享高端客户的创新手段,这也是一种渠道动作,从项目策划层面就已经把客户的导入工作进行前置。

[第四节] 教育系统拓客思路

教育系统一直是房地产营销人员和渠道人员关注的重点,因为拓展该领域可以起到"一箭双雕"的作用:其一,"教师"这个职业虽然不是高薪资行业,但因收入稳定、福利较好成为社会的"中产阶级",有的高校老师因将"产、学、研"相结合,身兼教师、企业家等多种身份,而迈入富人阶层;其二,教育系统除了老师之外,家长也是重要的组成部分,中国人固有的观念是"一切为了孩子",买房尤其是再次买房大多因为教育问题,所以渠道管理人员理应在此领域多耗费精力!

1. 划定教育系统客户范围

何为教育系统?很多人立马会想到小学、中学、大学等学校,其实教育系统的范畴非常宽泛,我们认为教育系统分为 7 大类别,如图 2-10 所示。

图2-10 教育系统的分类

如果你做的项目是学区房,请一定要关注幼儿园和托儿所的家长们,因为再过 1~3 年他们的孩子就要上小学了,中国人历来有"孟母三迁"的溺爱式教育理念,希望孩子不要输在起跑线上,提前把孩子的教育问题考虑到位。

科研机构往往被很多人所忽视,其实这是一块尚未开发的"处女地",科研机构的工作人员大多收入可观,只是行事低调、作风内敛而已,渠道人员理应将之划定为拓展的重点。

培训机构指的是一些高端的培训中心,如雅思培训机构、茶艺培训机构、钢琴小提琴培训机构等,无论是教员还是学员都有很强的购买力。

MBA 或 EMBA 本属于培训机构的范畴,但是笔者将此单独列出来以示突出其重要性,如果你的项目是改善型产品或是豪宅,那么 MBA 和 EMBA 学员是绝不能放过的拓展对象,与他们合作就是在和一个圈层在合作。

2. 教育系统客户特征

（1）教育从业人员特征

1）社会中产，收入稳定

都说"老师是半个公务员"，因为他们的收入相对稳定，不仅如此，他们的社会地位也是非常高的，中国人历来就有"尊师重教"的传统，所以他们的购买力首先要被肯定。

2）"文人气息"浓重

老师自然属于文人，一说到文人，很多人立马会给出这样的标签：有学识、孤傲、刻板……不得不说，的确有些老师有这些特征，不过随着时代的发展，80后老师逐渐发挥越来越重要的作用，老师队伍里新鲜快乐的血液大量注入，渠道人员在拓展的过程中不仅要尊重他们的"文人特性"，更要在形式上不落俗套。

（2）家长及学员特征

1）购买力较强

在一些家长群体中，有的经济实力较强，有的购房目的性强；在一些学员群体中，大部分经济实力较强。因此，这部分客群一定要深挖，尤其是培训机构和MBA或EMBA群体，值得派专人跟踪。

2）对子女和自身的教育非常重视

既然是教育体系，那么客群自然对教育非常重视，有的进取心强，期望人生获得更多的附加值；有的则对孩子充满期望，愿意将更多的资金放在教育上。因此渠道人员在与这类客群接触的过程中，一定要突出教育，只要是对自己和孩子的教育有帮助的事，他们都愿意参与。

3）对老师非常信赖

这一特点用另外一句话诠释就是：老师对家长及学员的召集能力很强！老师就是他们的"精神领袖"，在渠道工作开展过程中维护好与老师们的关系是工作的核心，应该制定专门的老师关系维护方案。

3. 教育系统拓客方法

（1）教师客群拓客方法

教师这个群体很多人认为遥不可及，似乎搞不清楚他们在想什么，做不到"对症下药"，其实教师是很感性的群体，而且特别注重"择邻而居"，所以针对教师群体开展团购工作往往能看到很明显的效果。

针对教师客群的渠道工作，我们认为有如下五个注意点（见图2-11）：

1）赞助教师联谊类活动

教师的业余生活是非常丰富多彩的，学校的工会、党委、团委等都会组织不同的活动，其中竞技类的活动最为突出，渠道人员应该以赞助活动奖品等形式与校领导洽谈，最好是

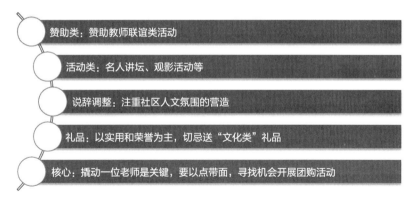

图2-11 针对教师客群的拓展注意点

在活动中设置一个集中推介产品的环节。

2）组织活动，将教师导入现场

教师对文化界名人较为痴迷，如莫言、余秋雨、于丹等大师级人物，如果邀请这些名人的成本过高，可以邀请当地知名大学的知名教授亲自授课，也可以将教师导入到售楼处内。

3）注重人文氛围的营造

无论教授什么科目，教师大多是感性的群体，因此，在向老师们介绍产品时，一定要突出文化因素，因为在他们心中，文化是身份的体现，是精神世界的寄托，同时也是产品附加值的具象体现。

4）赠送以实用和荣誉为主的礼品

有的渠道人员自以为"迎合客群"会赠送一些书籍、钢笔之类的礼品给教师，其实根据我们的调查，教师对"文化类"的礼品并不钟情，反而对一些实用的礼品，如热水壶、茶具等非常青睐；此外，很多教师对实物并无太大兴趣，而是在乎精神层面的礼品，如社区内某一景观的命名权、社区图书馆的命名权等，渠道人员与策划人员可以根据这一特征展开一次活动营销。

5）撬动一位老师，以点带面

上文我们提到，教师们有"择邻而居"的特点，所以攻克其中的一位资深老师甚至让其成为编外经纪人是渠道工作能否顺利打开的重中之重！此外，为每一所学校的老师定制一系列团购活动是必需的动作，可以获得很好的效益。

（2）家长及学员拓客方法

教育机构不同，教育形式不同，受教育者的目的不同，这些因素都会导致拓展方式的不同，但我们始终要记住一点：利用老师强大的感召力，让学生成为媒介！具体操作方法如图2-12所示。

图2-12详细列明了各个教育机构的拓客方法，当然，方法绝不仅限于图中所列，为了可以把问题说明白，我们列举其中的几点进行详细阐述。

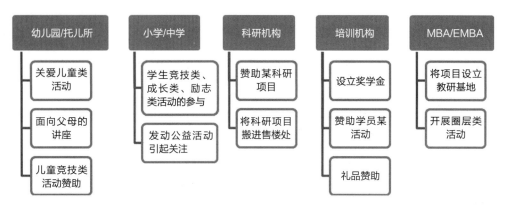

图2-12　家长及学员的拓客方法

1）幼儿园/托儿所：关爱儿童类活动、面向父母的讲座

现在社会物质生活极大满足，似乎这些"小太阳"们什么都不需要，其实现在很多的80后、90后们根本不知道如何成为合格的父母，自己的孩子到底需要什么，如孩子的健康问题一直是大家所关注的重点，他们使用的饭盒、奶瓶、枕头等是否安全和健康？我们可以通过专家寻找到答案，并且将专业的建议带给学校、老师和家长；同时我们可以组织儿童教育专家，专门为年轻的家长们上课，让他们知道如何真正关爱自己的孩子。这样的渠道拓客手法不仅可以为社会、为孩子带来益处，也直接提升了开发商的公益形象！

2）科研机构：将科研项目搬进售楼处

在很多人看来科研机构都是很神秘的，其实它就在我们身边。开发商可以提供场地、经费等与科研机构开展合作。如天文机构，几乎每一个天文台都有移动观测天象的车，如果这辆车可以开到售楼处，每天让孩子们免费"看星星"，这样的机会不仅难得，而且可以让孩子们有了更好的途径了解未知世界，而售楼处内也人气十足，这种"三赢"的事情何乐而不为呢？再比如机器人研究机构，如果机构可以拿出部分成果在售楼处内部展示，是不是也可以带来充足的人气呢？

3）培训机构：赞助学员某活动、礼品赞助

很多培训机构会开展形式各样的招生、联谊活动，渠道人员可以找到机构负责人以活动赞助、礼品赞助的形式介入，这样可以大大地节约成本。

4）MBA/EMBA：开展圈层类活动

MBA和EMBA是较为富有的群体，每个人的影响力都很大，因此该类人群的挖掘要非常深入，MBA和EMBA的课外活动非常多，尤其是外出参观学习，这时候渠道人员应该抓住契机，与学校开展联谊活动。在获取了学员信息之后，可以根据不同的学员制定个性化的圈层活动，让学员加深对项目的了解。如果想合作再深入一些的话，可以让有话语权的老总成为课程的授课老师，如广州"星河湾"项目，在2008年邀请了暨南大学EMBA学员参观项目，时任星河湾营销副总裁的梁上燕女士便组织了一次主题为《论品牌运营与跨界营销》的论坛。

值得一提的是，教育系统是一块净土，我们坚决反对一切违反教学秩序的客户拓展活动，所以在这里呼吁所有渠道人员要严于律己，在不违背职业操守的前提下为客户提供优质的服务，让服务打动目标客群；要巧妙地与教育系统进行结合，让客户在无声无息中对你的项目产生好感！

教育机构合作小贴士：

借力政府，打开小学拓展渠道

2013 年 9 月 28 日，中国第八届花博会在常州武进举行。为迎接这一全城盛事，展示常州小朋友"天真、活泼、可爱、聪明"的蓬勃朝气，并借活动让小朋友树立公益从我做起，从小培养服务社会的意识，常州市武进区花博会事务协调局与常州市文明办、常州日报社、中国常州网、常州日报、常州晚报、常州市妇女儿童活动中心联合举办，绿城玉兰广场承办的"花博小天使"评选活动于 4 月 22 日正式启动。

此次活动就是由"绿城玉兰广场"的策划部和渠道部联合策划并执行的，由于借助了政府的力量，因此参与人数众多，各个单位配合紧密，活动取得了非常好的效果。

活动分为报名、海选、复赛、半决赛、决赛 5 个阶段，历时 5 个月，大赛主要奖项设置为：一等奖 2 名，授予花博会形象大使代言人"和和、美美"称号，并奖励现金 5000 元；二等奖 10 名，授予"十大名花小天使"称号，奖励现金 3000 元；三等奖 100 名，授予"花博幸福小天使"称号，并获赠花博会纪念品"和和、美美"玩具 1 对。

活动一经推出，获得了众多学校老师和家长的全力支持，玉兰广场售楼处在 5 个月内组织了数十场评比活动，总计来人约 1 万人。

通过这一活动的组织，渠道人员迅速打开了常州全市的小学市场，项目得到了众多家长的追捧，而此次活动堪称"四两拨千斤"！

[第五节]
医疗系统拓客思路

在美国,外科医生、职业律师、大学教授等是最受社会尊敬、年薪最高的职业。调查显示,普通外科医生的年薪一般为 20 万～40 万美元,技艺高超者一年可达 75 万美元以上,资深专家收入逾百万美元也是很寻常的事。在中国,许多青年人不惜花费七年甚至更长的时间学习医学,努力成为一名合格的医生,也正是看中了这一职业令人期待的就业前景、收入水平和社会地位。

事实上也的确如此,在中国,公立医院外科医生的收入主要分为两部分,一部分是职务工资加津贴,另一部分是科室奖金。通常职务工资和职称挂钩,国家统一规定,随着住院医师、主治医师、副主任医师、主任医师级别由低到高,工资也逐渐增加,数额在每月 1000～2500 元之间。津贴根据不同医院的具体实际和个人工作绩效有所区分。科室奖金则根据不同医院、不同科室的效益,自己确定数目,每个科室成员的奖金一般是相同的。

一般情况下,一线骨干医生的年薪在 8 万～15 万元之间,科室主要负责人的年收入在 5 万～12 万元之间。而民营医院的薪资制度则完全是市场化的,个人的收入直接与其业务量挂钩,年薪浮动较大,少则数万元,多则数十万元。

此外,优秀的医疗从业人员服务的高端客户非常多,在压力巨大的当今社会,很多人处于亚健康状态,更多的人开始关注自身及家人的健康问题,这一特点以富豪最为突出。他们一般会选择医术精湛的医生为其和家人调理身体,有的医生甚至成为他们的"私人医生",所以医生能够影响的客群也是巨大的。

医疗领域汇集了这么多高收入人群,渠道人员岂能放过?

1. 划定医疗系统客户范围

何为医疗系统?医院当然是我们首先想到的机构,但是在绘制客户地图时要把"医院"进行细分:如果按收治范围划分,医院可以分为综合性医院和专科医院两种;如果按等级划分,医院可以分为三级:一级医院是直接向一定人口的社区提供医疗卫生服务,为本地区提供医疗、护理、康复、保健等综合服务的基层医院。二级医院是直接向多个社区提供医疗卫生服务并承担一定教学、科研任务的地区性医院。一般市、县医院及直辖市的区级医院,以及相当规模的工矿、企事业单位的职工医院,是地区性医疗预防中心。三级医院指的是直接向几个地区甚至全国范围提供医疗卫生服务的医院,指导一级、二级医院业务工作与相互合作。全国省、市直属的市级大医院,以及医学院的附属医院,是具有医疗、护理、教学、科研能力的医疗预防中心。

此外，疗养院和药房也是我们不可忽视的医疗机构（见图2-13），要知道，能够入住疗养院的人大多"非富即贵"，他们及其子女的购买力不可小觑！而药房内部的中高管收入也绝不低于医生。

图2-13　医疗机构的范畴

2. 医疗系统客户特征

（1）医疗从业人员特征

在很多人看来医生是"白衣天使"，外表光鲜、收入甚高，其实他们是极度缺乏安全感的群体，他们每天面对的是患者的健康和生命，所以每下一个决定都非常谨慎，这一职业习惯导致他们在挑选房屋时也战战兢兢，购买周期会比其他人略长一些。因此，营销与渠道人员要将心比心，充分理解并尊重他们的性格特点，通过周全的服务感化医疗人员，让他们有安全感，增强信任感，才能缩短成交周期。

另外，医疗从业人员对生活质量非常看重，他们关注细节，社区环境、室内通风、采光情况等问题都会影响他们的购买决策。

（2）医疗服务对象的特征

患者无贵贱之分，但是渠道人员肯定是要将有购买力的人作为拓展重点，因此本书所介绍的医疗服务对象特指那些有购买力的人群，他们具有以下特征（见图2-14）：

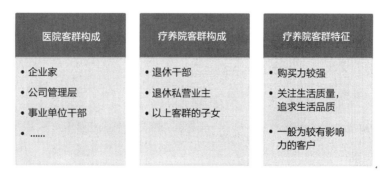

图2-14　医疗服务对象的特征

1）关注健康，关注品质

毕竟都是身体曾经或正在受到伤害的人，他们对人生的领悟会比其他人要深刻得多，所以他们永远将健康和家人放在第一位，绝不会再以"价格"这一简单的标准去评判房子的价值。因此，渠道人员与他们接触的理由就是"送健康"，其他的都不是很重要。

2）疗养院客群：影响力很大

上文我们提到，在疗养院里的人大多"非富即贵"，他们的身体并不是很糟，入住的人群有的处于治疗后的康复期，有的是"图个清静"；他们的退休生活比较枯燥，习惯了往日的"呼风唤雨"，导致现在的内心非常空虚。所以渠道人员应该充分理解他们的心境，以关爱生活为主，同时要充分发掘他们在圈层中的影响力。

3. 医疗系统拓客方法

（1）医疗从业者拓客方法

通过以上的分析，我们了解了医生的行业特征和性格特征，在拓客手法上与老师有很多相同之处，关键要让他们聚集在一起，然后再逐个"击破"，只是在手法上要以"温情"为主旋律（见图2-15）。

图2-15　医疗从业者拓客方法

如找到院长办公室或者工会，以"送福利"的形式给予所有医疗人员电影套票、邀请他们到草莓园亲手采摘草莓、在他们的联谊会上赠送礼品等都是非常好的形式；除此之外，我们还可以在获得院方许可的情况下，在医院的食堂设置接待点，但值得一提的是，接待点设置至少要在7天以上，因为医院"医生轮流坐诊"的传统，只有7天才能确保所有医生能够看到你的宣传。

对于一些重量级的医生，公司应该予以充分重视，领导应该亲自出面维护，为了加强与他们的互动，可以不定期地邀请他们到售楼处或社区坐诊，为市民或居民服务。同时鼓励他们成为我们的编外经纪人，不仅在物质上进行奖励，更要给予他们一些特权。

（2）医疗服务对象拓客方法

医院、药房、疗养院都是有客户的，他们大多会为客户建立档案以便追踪客户的健康状况，为客户提供优质的服务。所以，他们有着极强的客户召集能力，运用好这一点可以让渠道工作变得事半功倍。

对于医疗服务对象，拓客手法也非常简单，只要记得以"健康"或"养生"为主旋律即可（见图2-16）。

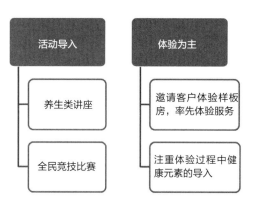

图2-16　医疗服务对象拓客方法

1）活动导入：养生讲座／竞技比赛

似乎凡是与医院接触过多的人都会关注自己和家人的健康问题，所以邀请一些知名的养生专家来开设讲座往往能够受到这个群体的欢迎；要想获得健康，运动是必不可少的，其实大多数人对运动的"喜爱"都是被动的，都是在身体遇到某个问题时才知道运动的重要性，因此，一些竞技类的活动也能够引起他们的关注。通过这些活动可以将这些客群导入，渠道人员便获得了与他们接触的机会。

2）体验为主：体验样板房、体验服务

为什么在这里要把"体验"拿出来作为重点来谈？所有客户来现场我们都为他们提供优质的体验环境才对，因为无论是知名医生面对的人，还是在疗养院里享受的人，都属于社会金字塔顶尖的人，这类人群对体验尤为看重，对为他们提供的优质服务更看重，他们的口碑和感受可以影响身边一大群人，因此，渠道人员应该制定与众不同的拓展和维护方案，让他们享受优先权比给他们物质奖励更有效果！

[第六节]
政府与事业单位拓客思路

政府与事业单位工作人员的购买力是毋庸置疑的，是潜在客群中的主力客群之一，但是渠道人员往往对这一领域的拓客工作无所适从，因为政府与事业单位的工作人员身份特殊导致很多人觉得遥不可及。其实该类客群的接触方式是所有客户中最简单的，因为他们的"精神领袖"比较容易找到，更关键的是开发商本身与政府的接触面就很广。

1. 与开发商密切关联的政府部门

政府是土地的运营者，自然会与开发商产生很多交集，据统计，从获得土地开始到竣工验收，开发商共计与四十多个政府部门有过接触，光是取得"五证"之前经过的政府部门就达二十多个。一位优秀的渠道管理者应该首先学会利用自身的资源，并且调动公司内部的资源，一般来说，公司各部门对应的政府部门如图2-17所示。

图2-17　开发商各部门对应的政府部门

2. 政府及事业单位客群特征

政府及事业单位工作人员的核心特征只有三个词组：强购买力、强号召力和行事低调。

（1）强大的购买力

政府及事业单位工作人员一般说来底薪都不会太高，一般的工作人员只有3000～4000元的月薪，就算是到了高级别人物也不过五六千元，但是他们除了底薪之外还有不菲的岗位职级津贴、福利以及年终奖金，林林总总算起来也算迈入"小康"的行列，所以在购买力方面是绝对没有问题的。

（2）强大的号召力

任何一个官场都是注重层级的，领导的号召力有着绝对强大的威力，哪怕是身边的同事都有着很强的影响力，他们有很强的"圈层"观念，所以针对政府及事业单位员工开展团购活动是较为有效的手段。

（3）低调的行事作风

政府及事业单位员工因身份特殊且敏感，所以做事从不张扬，从来不会以"购买某处房屋"为荣；而且他们不太注重物质奖励，自尊心或是虚荣心胜过一切，期望获得某些特权……因此，在拓展该类客户过程中要注重保护客户的隐私，而且"纳客"容易"留客"难，要通过增强服务内容维系好与他们的关系。

3. 政府及事业单位拓客方法

客户特征决定拓客手法，客户性格决定拓客风格，针对政府及事业单位的拓客手法要秉持"三忌讳"原则：忌讳大张旗鼓、忌讳过于功利、忌讳利益驱使。我们认为有效的拓客手法大致有五种，如图2-18所示。

图2-18　针对政府及事业单位有效的五种拓客手法

（1）利用公司资源，制定拜访计划

本节第一部分已经梳理了公司各部门对应的政府部门，可以将此资源进行详细汇总，渠道部门要充分利用这些部门与政府部门的每一次接触，首次接触最好结伴而行，一定要记得带上随身礼品（礼品不能太贵重）和资源工具，邀约客户及家人到售楼处参加活动。

（2）从公司的层面嫁接官方活动

政府官员对商务活动是没有兴趣的，但是有三种活动他们是乐意参与的，第一类是内部联谊活动，多以体育竞技类的活动形式出现；第二类是政府为了提升区域软环境，牵头策划的多家企业或多个部门一起参与的大型活动；第三类是造福于民的社会公益活动。渠道人员可以多到政府的宣传部门打听消息，然后让公司策划部门与政府联合筹办，这样便可以轻松地与该类客群取得联系。

（3）展开点对点推介工作

获得领导的认可后，渠道人员可以进一步对各个政府机关团体进行深入接洽，可以在员工午餐时或集体活动日开展点对点的推介会，推介会能否成功的关键是"定制化的团购方案"，这需要双方领导的精心协商，开发商要尽量以较低的价格、优质的服务吸引此类客群。

（4）找到核心人物，举行高规格家宴

该类人群有"择邻而居"的习惯，渠道人员可以利用这一特性寻找到一位或几位核心人物，然后盛情邀请他们参加家宴活动，家宴的最终目的是销售，所以家宴的最佳位置是项目会所或样板房，这样做的目的是让客户全方位地接受开发商的服务，亲身体验产品带来的别样感受。为了吸引客户，每一场活动都有一个特定的主题，虽然家宴是一个规模较小的活动，但主题和活动内容需要更加精密的编排。如位于广州花都区的"碧桂园·棕榈岛"项目，于2012年联合最美别墅网、凤凰网广州站、翰龙俱乐部、维拉俱乐部举办一次"私宴"首场活动，开发商除了安排午宴、看房等活动环节之外，还组织大家展开了一次小型的高尔夫球比赛活动，引起了参与者的极大兴趣。

（5）导入客户的时间以晚上为宜

南京心理危机干预中心主任张纯说，人在晚上更"感性"，因为人的行为都是由大脑通过神经系统来支配的，神经系统包括交感神经和副交感神经，两者相互平衡和制约。交感神经更多是在白天工作，它能让人更理性；副交感神经更多是在晚上工作，它能让人更感性。正因为晚上人的副交感神经占据上风，因此人在晚上逻辑推演能力、语言和行为的控制能力都不如白天。再加上夜晚还给人一种神秘色彩，如果配以强烈的灯光和激情的音乐刺激，人就会变得更加感性，所以在夜间开展营销工作往往能收到出乎意料的效果。其实这些心理和生理上的原因是次要的，关键是政府和事业单位的工作人员是最喜欢低调的，夜间的环境比较隐蔽和静谧，能让他们得到更多的安全感，因此把针对公务人员的导客活动放在晚上更显得贴心。

[第七节] 部队及军事机构拓客思路

在很多人眼中，军队官兵整天待在军营里，似乎不需要购房，其实不然，随着军队待遇的不断提升，越来越多的官兵选择在地方置业，只不过在很多城市，部队官兵并非购房的主力而已。

很多渠道人员认为部队官兵是神秘的群体，和我们的距离很遥远，似乎面对的是一个未知的领域，所以在布置拓客工作时根本无从下手，所以，我们的工作要从了解部队的购房群体开始。

1. 了解部队购房群体

（1）部队购房群体概况

中国人民解放军在各级地方行政区域都设有相应的组织指挥机构，分别负责辖区内的军事工作，按组织序列主要有军区（亦称大军区）、省军区、军分区、归地方建制的人民武装部及在首都和各要地设置的卫戍区、警备区、要塞区和守备区。

我们平时能够接触到的级别应该是军分区和人民武装部，鉴于军事机密的考虑，官方从不公布每个城市官兵的具体数字、番号、兵种等信息，其实这些对我们来说并不重要，重要的是我们要知道在这么多官兵中会有多少人购买我们的房子，从各个城市营销总监实际操盘经验来看，部队较多的地级城市每年购房（经济适用房除外）总人数不会超过1200套，一般的城市不会超过700套，而这两个数字在5年前，仅为现在的40%左右，主要原因是部队的住房政策减弱了他们的购房需求。

（2）部队购房群体特征

部队官兵在置业方面有四大特征，如图2-19所示。

1）较强的购买能力

近年来部队官兵的收入稳步提升，由于部队的后勤保障工作非常好，除了日常用品之外，平日似乎没有什么多余的消费，所以部队官兵的收入可以称为"纯收入"。再加上部队对官兵的住房有着周全的考虑，比如部队里给每一位官兵缴纳了住房公积金，大家都知道住房公积金在不购房的前提下是不可以提取的，多数官兵要么在退伍时一次性取出，要么用于购房。此外，

图2-19　部队官兵置业四大特征

部队对于有些达到要求的官兵设置了"军队住房补贴"，住房补贴由基本补贴和地区补贴两部分构成。可见，部队官兵在购房时资金压力并不是那么大。

部队住房补贴小贴士：

根据中央军事委员会 (1999)19 号文件和总参、总政、总后 (2000) 后财字第 18 号文件规定，住房补贴标准分为三种情况：

一是一次算清的基本补贴：1999 年 12 月 31 日以前提升的军官、文职干部和选取的士官，一次算清的基本补贴额 =1999 年 12 月份基本工资 × 1999 年 12 月（含）以前的军（工）龄月数 × 住房补贴系数（40.94%）+ 每平方米每年 8 元 × 1992 年 6 月 30 日前的军（工）龄 × 购房补贴建筑面积标准（标准见后）。

2000 年 1 月以后提升为军官、文职干部和选取的士官，提干或选取士官前的工作年限（不含已享受住房补贴年限）内的基本补贴额 = 提干或选取士官命令当月的基本工资 × 住房补贴系数（40.94%）× 提干或选取士官前的军（工）龄月数。

二是按月计算的基本补贴：按月计算的基本补贴额 = 月基本工资 × 住房补贴系数（40.94%）。

三是地区补贴：地区补贴额 = 基本补贴总额 × 地区补贴系数（注：补贴系数详见总后财务部、基建营房部 (2000) 财薪字第 0611 号通知）。

购房补贴建筑面积标准：

正军职（专业技术 1、2 级）暂按 180 平方米，副军职（专业技术 3 级）暂按 165 平方米，正师职（专业技术 4、5 级）120 平方米，副师职（专业技术 6 级或高级专业技术 7 级）105 平方米，正团职（专业技术 8 级或中级专业技术 7 级、满 26 年以上的六级士官）90 平方米，副团职（专业技术 9 级、不满 26 年的六级士官）80 平方米，营职（专业技术 10、11 级、五级士官）70 平方米，连、排职（专业技术 12、13、14 级、四级以下士官）60 平方米。

2）领导有极强的号召能力，容易形成圈层

在以执行命令为天职的氛围中，官兵们也养成"群居"习惯，就算是买房也要买在一起，所以在和部队接洽过程中，一定要争取在部队内部开展一次或几次团购宣讲活动，而且部队领导对其他官兵的购买意愿起到很大的促进作用。但是要想吸引部队官兵并非易事，因为他们经常几十套上百套那样购买，所以一定要为这部分人群定制一套非常优惠、物超所值的团购优惠方案。

3）购买的物业以刚需为主

由于军人的身份较为敏感，在行事作风上大多低调不张扬，贷款的意愿度不强，所以在选择房源的时候还是以刚需盘为主，也就是说房子面积越小越受他们的欢迎，超过 120 平方米的房子几乎不在他们考虑的范围之内。

2. 部队及军事机构拓客方法

首先要严正说明的是，赠送礼品、赠送福利等是渠道人员惯用的手法，但是对于部队及军事机构这一点不仅不适用，而且是禁忌！军队是一个纪律严明的地方，不可能收取商家的礼物，再说军队的后勤保障措施很足，相关的福利对于他们来说是多余的，所以，要想获得军队的认可走传统的道路显然是不行的。

不过，我们可以通过政府的力量，尤其是"双拥"办公室，以拥军优属、公益等形式与部队官兵之间搭建沟通的桥梁。

我们认为可以从三大方面切入：（1）围绕部队重点工程建设，在场地、资金、物资等方面给予积极支持，确保工程建设顺利进行。（2）围绕活跃部队文化生活，在重点节假日，将文艺送到部队。（3）广泛开展公益活动，主动帮助社会解决转业退伍军人安置、随军随调家属就业、子女入学入托、优抚对象生活、医疗、住房等方面遇到的困难，解除他们的后顾之忧。

具体形式可以表现为："八一"建军节联欢会、欢乐送军嫂活动、与律师事务所合作联合展开"法律送军营"活动、"好电影送军营"活动、"情系子弟兵、文化进军营"活动、"小学生军营度暑假"活动……这些活动均可以实现与官兵零距离接触的目的。

有了以上的反复铺垫之后，渠道负责人要联合公司领导（最好有政府部门的协助）一起走入军营，开展团购宣讲活动。

某地产集团的部队团购方案：

× 项目团购优惠方案

说明：该团购方案共有四部分，第一部分是区域介绍，第二部分是开发企业介绍，第三部分是项目介绍，第四部分是团购优惠方案，此处展示的仅为第四部分。

一、超优越的性价比

我们本着诚心真挚的服务态度，希望与部队的各位朋友们建立良好的合作关系，为此我们将向大家奉献一个质高价优的优惠价：8200元/平方米，我们还将根据购买的数量而采取相应的优惠措施，可谓优上加优。

优惠措施见表2-3。

优惠措施　　　　　　　　　　　　　　　　　　　　表2-3

团购优惠50套起	8200元/平方米
团购数量：51～99套	99折优惠
团购数量：100～149套	98折优惠

	续表
团购优惠 50 套起	8200 元 / 平方米
团购数量：150～199 套	97 折优惠
团购数量：大于等于 200 套	96 折优惠

二、全装修菜单式服务

依托集团品牌优势，进行集团性采购。联合国内知名品牌装修公司提供一站式服务。

三、其他优惠

（1）免除一年的物业管理费；

（2）免除两年的车位使用费；

（3）购买地下车位给予一定的优惠。

四、银行服务

（1）贷款基准利率下降 10%；

（2）免除契税（每套 100 万为例，契税至少为 10000 元；144 平方米以上契税至少 30000 元）；

（3）10% 首付，可分期付款或签订借款合同，在交房前补足剩余房款。

五、附加售后服务

（1）代出租、出售房屋：只收取国家规定佣金费用的 50%；

（2）清洁服务：对选择装修房的客户我们提供每周一次的室内保洁服务；

（3）免天然气开通费：天然气开通费为 2500～3300 元 / 户。

[第八节]
工商联及各大商会拓客思路

"工商联"和"商会"一定是渠道管理部最热门的两个词，不管是刚需盘还是豪宅盘，大家都习惯将这部分客群作为拓展的重中之重。当然，这个方向是正确的，但绝不能"饥不择食"，只要是商会都跑去拓展，在绘制客户地图时应该将商会进行细分，然后针对不同的项目选择不同的商会。

1. 了解工商联和商会

一般说来，工商界联合会（简称工商联）是中国共产党领导的多党合作和政治协商的单位，也可以看作是具有统战性、经济性、民间性的社会群众团体组织。工商联依照法律按国家行政区划设置组织机构，全国工商联负责指导地方工商联和民间商会的工作，全国共有县以上工商联组织3119个，形成覆盖全国的组织网络，截至2006年6月末，全国共有工商联会员197万人。

简单地说，工商联是各大商会的领导者和管理者，具有浓重的官方色彩。

与工商联不同的是，商会属于民间组织，在法律上具有四个特征：公益性、民间性、自律性和法人性，是商人依法组建的、以维护会员合法权益、促进工商业繁荣为宗旨的社会团体法人。

商会可以分为两大类：第一种是行业协会，是由同一行业的企业法人、相关的事业法人和其他组织依法自愿组成的、不以营利为目的的社会团体，比如餐饮协会、陶瓷协会、服装协会、古董协会、珠宝协会等；第二种商会是地域性的，通常由某地区企业公司、公务人员、自由职业者和热心公益的公民自愿组成的组织，比如上海浙商会、闽商会、晋商会等。应该说，每个行业的杰出人才大多聚集在商会内部，商会的确是渠道人员值得耗费心力的领域。

当然，接触商会不仅仅是拓展商会内部的商家会员，更加重要的是与商家取得合作，与商家的客户资源产生紧密的关联度，这个在绘制商家的客户地图之前必须要明确。

一般说来，根据项目的不同，我们拓展的重点也不一样，如图2-20所示。

此外，在拓展之前还要对各商会有初步的了解，有些商会属于"实力型"的，往往一个城市的支柱产业是什么，那么其商会的实力就很大，有的商会会员众多，如广东的浙江商会，影响面可达40万之众；还有的商会属于"华而不实型"的，毕竟商会的成立门槛并不高。除了了解商会之外，对商会的领导人要进行深入了解，实力越强的会长其商会的实

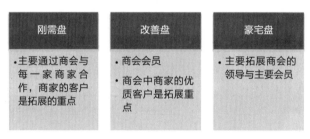

图2-20　不同项目针对商会的拓展侧重点

力也越强，对会员的号召力也就越大。

在绘制商会客户地图时，千万不要忘记一些边缘型的组织，如慈善协会、收藏协会、写作协会等，因为这些协会并不在上文提及的两类商会之中，但购买力不容小觑。

2. 商会的客群特征

目前国内的商会发展并不成熟，还没有制定行业标准的权限，目前的商会大多以会长的人格魅力以及行业资源的共享为重要载体，那么客群特征就非常明显了，如图2-21所示。

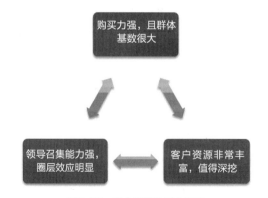

图2-21　商会客群的三大特征

3. 商会的拓客思路

（1）商会资料的收集

大部分商会都会有自己的办公地点，但是几乎没有会员在那里办公，所以说要想找到核心人物，必须得知道几位主要领导所在的企业名称和企业所在地，这些基础信息在互联网上都可以找到，但是想找到核心人物就很难了，建议步骤如图2-22所示。

（2）商会的拓客手法

由于商会的客群非常庞大，而且我们需要拓展的是两大类客户，一类是企业家，另一类是商家的客群，因此可用的拓客手法也很多，总结下来，拓客手法有三大类："点对点"拓展类、服务类和合作类，如图2-23所示。

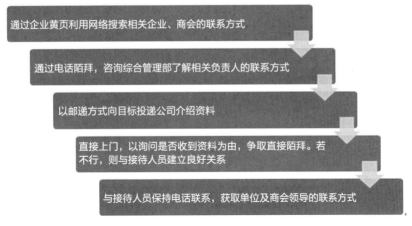

图2-22 商会资料的收集步骤

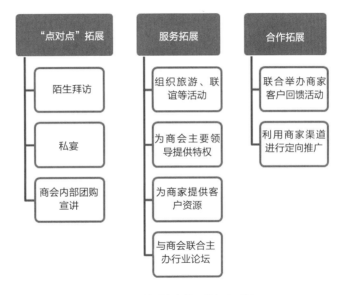

图2-23 针对商会的三类拓客手法

1)登门拜会商会主要人物/私宴

商会的领导不仅是商界领袖,也是"精神领袖",所以一定要找到一切办法与之取得联系(可以先以活动形式介入,也可以通过熟人介绍),针对这类客户,公司营销高管必须亲自维护,以显示出开发商的诚意和对他的尊重。第二次见面的时候可以邀约他和朋友们到会所或样板房参加私宴活动。

2)通过周到的服务进行商会的渗入

在很多商人看来商会其实是一种平台,一个交友、资讯互换、商机互换甚至是融资的平台,他们聚会的地点几乎每次都不一样,渠道人员可以根据这一特点,为他们提供聚集的理由、聚会的场地,在领导的许可和支持下,可以带领他们一起近距离的旅游,既可以参与到他们的内部会议,又可以起到外出散心、愉悦心情的目的。

既然是商人，那么也是以盈利为目的的，商人不会拒绝客户，其实开发商的客户与商家的客户在很多方面是重叠的，渠道人员和策划人员可以联合策划系列活动，将来访客户或业主导入商家的店铺，资源的共享必然带来双赢的良好局面。

　　有很多商会在政府的许可下会不定期地针对某一领域或某一课题进行探讨与研究，也会组织专家学者一起参与，渠道人员可以第一时间获知此消息，让公司领衔策划一起大型的论坛活动，不仅可以借政府、商会和专家学者之势推广项目，还可以与商会各成员进一步沟通，为以后的深入接触打下基础。

　　3）合作开辟拓展新时代

　　每个商家都会有促销活动或客户回馈活动，渠道人员一定要把握每一次机会，尽量与各商家联合举办活动，开发商可以采用赞助的形式参与活动，以取得客户资料；如果开发商举办活动，也可以邀请商家赞助礼品和物料，这样的话客户资源不仅可以共享，而且大大降低了活动成本，提高了费效比。

[第九节]
4S店及车友会拓客思路

截至2014年底,中国的民用汽车保有量已经达1.4亿辆,也就是说十个中国人就拥有一辆汽车,而且这个数字还在攀升,据专家预测,大约到2020年中国的汽车保有量将超过美国,成为全世界数量最多的汽车大国。

每一个汽车品牌对客户资源都很珍视,为了维护客户关系,他们非常重视车友会的组织与运行,希望借此培养客户的忠诚度,这就给房地产渠道人员带来了契机。

1. 4S店及车友会的拓客方式

似乎自从"行销"这个概念风行房地产界开始,营销策划人从来没有放弃过与4S店和车友会的合作,经过十余年的运作,也积累了一些有效的经验,在这里与大家分享。总的来说,与4S店和车友会的合作主要分为三类,如图2-24所示。

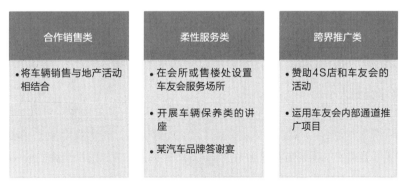

图2-24 地产与4S店合作的三种模式

(1)合作销售,实现资源价值的最大化

在地产活动中融入豪车展是目前最成熟的做法,一来开发商借豪车展提升了项目档次,二来汽车商家也带来了大量的实力客群,为项目的销售带来了直接的促进作用。

在互联网思维盛行的今天,"竞争"已经不是关键词了,而是讲究资源价值的最大化,为客户提供超越期望的体验感受,其实像这种合作模式正是迎合了时代的发展。

2008年9月26日至10月5日,广州星河湾组织了一次主题为"世界级奢华体验之旅"的品牌嫁接活动,活动期间,中汽南方汽车销售公司展出的汽车销售了5台,2台168万元的路虎揽胜,2台68万元的捷豹XK和1台80万元的发现者3;广东宝悦宝马汽车公司销售了 6 台，3 台单价 31 万元的 MINI，1 台 41 万元的 MINI CLUEMAN S，1 台 93 万元的 730IL 和 1 台 69 万元的 330C；仁孚奔驰销售了 5 台，3 台单价 138 万元的 S35 和 2 台单价 34 万元的 C300。经统计，三家公司销售的 16 台名车总成交金额高达 1331 万元。星河湾在此次活动中也成为受益者，活动期间车友会会员购买的房屋总货值超过 5000 万元，这就是一次非常成功的跨界营销活动。

（2）柔性服务，销售在潜移默化中进行

有车族的确具有一定的购买力，但是既然属于"有钱人"的范畴，那么也应该属于"不缺房子"的范畴，那么他们直接产生购买的可能性并不大，而是要通过他们去影响身边的人，或者是将改善型产品作为向他们推介的重要方向。

既然不着急买房，那么平时做好相应的服务是必不可少的，可以与 4S 店的车友会负责人洽谈，在会所或售楼处直接开辟一个场地作为车友会会员聚会联谊的地方，可以不定期地邀请资深汽车专家向大家介绍汽车保养方面的知识，还可以以私宴的形式不定期组织不同品牌的汽车客户来到样板房举行答谢宴……这一系列手段都是维护老客户、开发新客户的有效方式。

（3）跨界推广，玩起来的同时卖房子

车友会平时组织最多的三种活动分别是自驾游、新车发布会和汽车技能比赛，其中自驾游是频率最高的活动，毕竟大家最喜欢的依然是"玩"。渠道人员在获取此类信息后，一定要第一时间与相关负责人取得联系，找到活动切入点。

另外，渠道人员要想尽一切办法让 4S 店和车友会的人与项目产生关联，如利用车友会内刊发布项目信息，甚至可以给每一位买车的人赠送 10 张免费的洗车券，当然洗车地点必须设置在售楼处。

2. 发展编外经纪人

在前面的几个章节中，本书从来没有把"发展编外经纪人"单独作为一个重点来阐述，而在这里我们要重点说明，主要是因为汽车 4S 店的销售模式与房地产销售模式几乎是一致的，遇到的客户有着高度的重叠性，所以在这一领域发展编外经纪人可以事半功倍！

根据经验，有两类人可能成为编外经纪人：汽车销售员和车友会里的活跃分子。

汽车销售员受到几乎和置业顾问一样的专业培训，对客户珍视程度很高，由于客户买车之后因为保养、修理等事宜还会多次到访 4S 店，所以他们见面的次数要多得多，多数成为要好的朋友。正因为有了这样的基础，汽车销售员介绍客户购房并不算违反职业操守，所以渠道人员应该积极地与各位汽车销售精英沟通与合作，将有购房意愿的客户推荐给你，但有一点最核心：奖金要及时兑现！

车友会的活动比较频繁，有的由 4S 店组织，其实更多的是由车友们自发组织，他们有自己的微信群、QQ 群，渠道人员可以与群主协商加入他们，随时了解他们的动向，为大家提供一些活动上的便利，还可以与组织能力较强的人取得联系，让他（们）成为编外经纪人。对于这样的编外经纪人，要采用"特权+奖金"的双重奖励模式，对于他们来说荣誉感是第一位的。

汽车4S店与房地产的一次联姻：

2014年12月，江苏苏州，某汽车品牌与某上市房地产公司开展第一次深度合作，双方公司为了冲刺年底业绩，除了一般性的合作之外，还策划了一起"买车送房款"、"买房送车款"活动。

活动规定：凡是购买该品牌汽车，可以得到与汽车总价等值的积分，10个积分=1元购房款；凡是购买该项目房屋的业主，可以得到与房屋总价等值的积分，100个积分=1元购车款。

开发商为了将客群扩大，规定只要持有汽车发票均可以参加此次活动，活动一经推出，立即得到了车主和准业主的热烈响应，在短短的一周之内，车主购房总金额突破5000万元。此后，营销部和渠道部再次发力，将合作的汽车品牌扩大到8个，影响到的车友高达50万人，截至12月31日，产生销售额1.6亿元。这又是一起房车联动的经典战例！

[第十节]
商场及大型超市拓客思路

在很多渠道人员看来，到大型商场和超市拓客无非是在某一个角落搭建临时接待点，平时派发一些单页，然后接受客户的咨询而已，其实这只是一个最初级的做法。对渠道人员来说，这些大型商超最有价值的是客户资源。

1. 商场的拓客方式

首先，我们要梳理一下哪些部门或人手里有客户资源：第一，凡是大型商场都会有自己的会员管理部门，像大洋百货、恒隆、金鹰等都会把会员管理列为重点工作；第二，每一个品牌也会有自己的会员管理系统，比如服饰品牌、书店品牌、家居品牌、健身会所，甚至是茶叶品牌都有非常健全的会员系统。因此，渠道人员应该将目光锁定在会员数据库上。

（1）资源互换法

那么，知名品牌凭什么要与我们合作？"资源的互换"是合作的关键！我们在拓展之前一定要把自己的优势列举出来，而且要突出其价值，开发商有哪些资源？最大的资源当属客户资源，因为在众多商家眼里，凡是买得起房子的人经济实力都不错；另外，开发商自主营业的咖啡厅、社区游泳池、社区医院等全部属于优质资源，甚至"平台"有时候也是资源，比如开发商举行的某一场情人节活动，预计到访500人，那么一些珠宝商、婚纱摄影店等也会视之为优质资源。

在资源互换的过程中，我们一定要记住一点：在互联网时代，打折已经难以打动客户的心了，唯免费是王道！

比如，我们与恒隆的会员部合作，一定要达成类似于这样的合作协议：我方准业主和业主持卡可以免费享用每周一杯的某品牌咖啡（或者其他权益），恒隆的会员可以持卡在售楼处免费享有下午茶和餐点，免费享用本社区提供的游泳池。只有这样，资源互换才有意义，客户才会对该利益点敏感，导客效果才会更好！

渠道人员要根据自身项目定位，选择定位匹配的购物中心，选择定位匹配的品牌商家，然后按照以上方法商洽合作。

在拓展过程中要注意两点，其一，不仅要和商家谈会员的导入，还要将商家变为自己的资源，充实自己的"资源包"；其二，如果有的商家出于对品牌呵护的考虑，不愿意将客户导入售楼处，那也没有关系，可以通过活动嫁接的形式将项目信息传递给会员。

（2）节点联动法

不管是购物中心还是大型超市，或是品牌商家，总是会把握一些重要的节点进行促销，如圣诞节、春节、双11、司庆等，到了这些节点会员都会倾巢出动，渠道人员可以将项目与之嫁接，可以设置临时展点，也可以将购物款与房价相结合联合举行促销活动。

其他的拓客手法请参照本章第八节"工商联及各大商会拓客思路"，大部分的拓客思路是一致的。

2. 超市的深度合作

很多开发商将售楼处"搬"进了超市，借助超市巨大的人气招揽客户，这的确是一个不错的拓客手法，但是有没有想过把超市"搬"进售楼处呢？

目前，碧桂园、绿城均有了类似的做法，尤其是对于大型项目特别受用，因为大型项目往往会设置两个以上的会所作为售楼处，开发商可以将其中的一个会所改造为超市，可以自己营业也可以借助知名超市品牌。

做这样的事情一定要注意四点：(1)不管是自己开超市还是请其他品牌运营，价格一定要比普通超市的商品价格低20%以上，否则客户根本没有来访的理由，20%的亏损通过营销费用来弥补，如果亏损巨大，可以只选择在重要的节点开设超市；(2)超市开业之后一定要把动线设计好，把超市、样板区、新售楼处连为一体，这样所有来访的客户均可以接受营销氛围的熏陶；(3)开发商自己营业的超市，对于货品的质量一定要把握好，要走正规的报批手续，邀请专业的团队进行管理；(4)不能让客户购买了商品后就没事了，要把购买商品的行为与购房优惠产生关联。

超市"搬"进售楼处策划小贴士：

位于常州武进区的绿城·玉兰广场就在春节之前开设了园区超市，该超市分为洗化区、食品区、酒水区、日用品区、保健品区等，经营物品达百余种。所售商品均是厂家直销，物品品质及质量毋庸置疑；另外，为方便及回馈广大业主生活，园区超市所售物品价格低于欧尚、家乐福等超市的30%~40%，裸价出售、零利润回馈业主。

如洋河系列酒水第二件半价，福临门5kg大米39元/袋，潘婷丝质顺滑去屑洗发露（750mL）49.9元/瓶，海飞丝洗发露（200mL）18.8元/瓶。

为了给予业主充分的特权，开发商还特意设置了"业主价"，比标价更优惠，为方便业主，对于购买整箱酒水、大米等商品的业主还提供送货上门服务。

Chapter 3

第三章
房地产渠道拓客手法与技巧

思路有了，出路也有了，那么该执行了！
渠道是直面客户的工作，似乎所有的拓客手法都用尽了，但依然得不到客户的青睐，其实没有永远有效的手法，关键在于合理的统筹和手法的创新！

[第一节]
派发单页拓客技巧

派发单页就像是练武功必须要练习蹲马步一样,是渠道工作的基本功和入门功夫,不会派发单页的人是不敢说自己懂渠道的!

看似简单的派单工作其实蕴含着很多技巧,首先我们从准备工作谈起。

1. 派发单页的前期准备工作

(1)对派单人员的要求

精神面貌佳,形象要好,男士要大方,女士要化淡妆,衣服颜色最好能与项目推广用的主色调或者 logo 的主色调相匹配。

热情大方、积极主动、不怕丢脸。

熟悉项目的基本情况,尤其项目的卖点和优势所在。

统一口径,从容应答客户的各种问题。切忌选用"一问三不知"的派单人员,这会严重影响客户对项目的印象。

设置定时、定量的任务标准,考核要奖勤罚懒。

提前做好目标客户、目标地点的分析工作,出门要注意观察、判断行人情况,提高命中率。

(2)派单团队的组建

1)人数的确定

新开项目:在 10km 半径之内至少设置流动派单人员 50 人,每个竞争项目至少设置 2 名派单人员,总人数在 200~300 人之间。

平推项目:项目进入持续销售期时,一般设置 30 名人员为最佳配置,此外,每个竞争项目同样要设置 1~2 名派单人员。

遇到重要的营销节点,如房展会和巡展一般设置 50~100 人,重大认筹活动和开盘前期一般设置 200~300 人。

以上人数并不是绝对数,具体数字要根据项目推盘量、项目所在区域的面积和人口等众多因素决定。

2)派单人员管理注意点

派单的最终目的是将潜在客户导入售楼处,因此通过管理手段激发派单人员的积极性是最重要的,明源地产研究院总结了在管理上的六个要诀,如图 3-1 所示。

图3-1 派单团队管理"六要诀"

（3）派单量化标准

根据各个房企的数据统计，业内对于派单的效果形成了一个量化标准，如表3-1所示。

派单效果量化标准　　　　　　　　　　　表3-1

来人量/单页派出量×100%	0.3%	0.3%~0.5%	0.5%~0.7%	0.7%~1%
效果评判	无效	底线	标准	较好

每天人均单页派发量为200~300张，0.7%~1%是较好的来人比例，也就是说每人每天能为售楼处新增来人2~3人为最佳。渠道负责人应该根据这个比例对每一位派单人员进行考核，对于低于0.3%的人员要进行动态调整。

（4）派单团队的培训

1）岗位心态培训

很多人认为派单是最简单的活儿，几乎是"零门槛"的，派单人员亦是如此，会把自己从事的工作看得很卑微，其实看似很小的事情却可以发挥大能量。据笔者所知，目前很多年轻的营销总监都曾经做过渠道工作，都曾经亲自派发过单页。

渠道管理人员一定要为派单人员设置晋升通道，为他们创造一个可以实现的梦想，并且要告诉他们该如何实现，以何种心态去实现。

另外，派单被很多人称为"是一份令人讨厌的工作"，经常会遭遇客户的白眼、冷遇和拒绝，这时就要求派单人员以乐观的心态去面对，这一点在培训时尤为重要！

2）专业知识培训

派单分为"粗派"和"精派"两种，所谓"粗派"指的是只以派发为目的，把单页送至客户手里即可,这在遇到项目重大营销节点需要传递信息时使用较为普遍;而"精派"则是包括接触客户、传递信息、索取联系方式、挖掘客户意向等众多营销目的的整个过程,一般来说,"精派"的数量每天不会超过 100 人。在"精派"的过程中,一旦遇到有意向的客户询问相关项目情况,派单人员一定要掌握过硬的专业知识,力争给客户留下良好的印象。所以,给派单人员进行专业知识的培训是很有必要的,一般来说,专业知识主要分为三类,见表 3-2。

专业知识类别及其具体内容　　　　　　　　　表 3-2

专业知识类别	具体内容
项目基础信息	1. 项目答客问; 2. 项目介绍 PPT; 3. 项目区域统一说辞; 4. 项目交通统一说辞; 5. 项目沙盘统一说辞; 6. 项目劣势转化说辞
市场政策与城市规划状况	政策层面:1. 宏观利好政策解说; 　　　　　2. 利空政策化解说辞 市场层面:1. 城市及区域房地产发展状况; 　　　　　2. 城市房地产成交趋势与价格区域 规划层面:1. 城市及区域规划情况; 　　　　　2. 项目周边规划情况
竞争项目情况	1. 竞争项目基本情况; 2. 竞争项目成交情况与价格情况; 3. 竞争项目产品优劣势对比; 4. 竞争项目最新出台的优惠政策

3)派单技巧培训

派单技巧尤其是"精派"技巧需要不断地加以培训与考核,为此我们必须从四个方面着手:

①让有经验的派单人员进行培训,提出派单的关键点,派单动作的分解;

②每周进行定期培训,派单组长需要提前提供一个派单问题汇总表,然后开展针对性的培训;

③每周的培训会议上要有优秀员工的经验分享;

④要进行一对一模式考核,一般采取新老员工搭配模拟。

(5)创意单页的设计

几乎市面上所有的单页都是一个样子,客户似乎对这些毫无新意的单页产生了免疫,因此,设计一张具有强烈识别性且让受众群体爱不释手的单页显得尤为重要。单页形式的创新取决于派发对象的特征以及社会时事热点,比如派单对象是私家车主,那么"罚单"可以引起他们的注意;派单对象是家长,"录取通知书"可以引起他们的注意;如果是情人节,可以考虑将单页设计成"情书"……碧桂园在这方面做得尤其引人注目。

1)罚单式单页

这种单页普遍运用于房地产渠道领域,虽然"吓"到了部分车主,但效果是最明显的,为了避免车主的反感,可以将"罚单"改为"车停太帅告知单",纯粹的广告信息改为"上门领奖品"。

2)报纸式单页

上海是国际大都市,不是高大上的招数根本入不了上海白领们的法眼。碧桂园如果想在上海打响名声,获得大众认可,关键要融入上海文化。碧桂园营销人员采用了报童派《大公报》的形式,营造老上海的感觉。派单人员一身报童装扮,手拿《大公报》,沿街派报:"号外号外,碧桂园进驻上海!"。结果,这股复古潮流为碧桂园入驻上海打响了第一炮,后来碧桂园又在"百乐门"召开新闻发布会,紧跟着在上海的15个二级展厅顺势亮相,顺利实现品牌落地。

3)情书式单页

"我是碧桂园,来自南方,21年来走过全世界许多地方,见过东南亚海岛的椰林树影,也体验过浪漫北方的冰天雪地,唯有你的美让我念念不忘。"这是初入青岛的碧桂园写给青岛的情书,这样赤裸裸但又深情款款的告白,青岛能HOLD住么?碧桂园初到青岛,首要任务是品牌落地,"帅气水手送数万封情书"的点子由此诞生。在之后,这种情书模式相继被宁德碧桂园、曲靖碧桂园采用,不亦乐乎。

2. 派发单页注意点和说辞

(1)派发单页注意点

在派发之前,派单员应基本了解当次所派发DM单页的产品特性和服务内容,确定所宣传产品的主题,锁定目标客户群,提高派发效率。

地点要选取符合自己目标客源的地方,不一定要有巨大的人流量,但是肯定要有目标客源群众相对较多的地方。一般是住宅,银行门口、拆迁小区附近、大型活动广场,主要的马路,售楼处门口等。城市高收入阶层集中的区域、政府机关单位、大型工厂等是派发重点。

派发的时间要集中在上下班的高峰期,派发地点应选在目标客户群比较集中的地点。

根据楼盘定位选择目标客户,一般不要求太过于刻意挑选高气质、穿名牌的客户,一般市民即可。

发单过程中始终保持友善、热情、微笑的面孔,让人容易接近你,进而有兴趣了解你所派发的DM宣传单,并引起客户群对产品的好奇和好感。

发传单要在行人过往的路线上,最好不要挡在行人的面前(一定要准备好,不要突然举起你的手);在卖场出入口发单时,身子侧站,不要挡住顾客的路。发单时,尽量往行人有空闲的手上递!

拿宣传单动作,建议以一边的手臂为依托托着宣传单,宣传单正面朝向行人,将客户产品或服务的内容展现出来,确保行人拿到的宣传单是正的,以便行人比较方便地第一时间看到上面的内容。

发单时要用礼貌的语言与消费者沟通，一定不能害羞，大胆地说出产品的主题（最好总结在 10 个字以内），而不是简单的发单机器人。

发单时要善于观察，及时走动派发，要主动。

发单时要有针对性地派发，切忌不加选择的随意乱派发。

不要怕被拒绝，当你给别人派单时，你心里一定要暗示自己：你是在帮他！因为你无偿地将一条也许对他有用的信息传达给他（实质上也是这样的），不接单对他而言可能是一个损失！如果有人接了传单，一定要说声"谢谢"！

一定要做客户登记，有许多优质客户是可以通过这种方式积累的。

被顾客丢弃掉在地上的完好资料，如果没被别人踩脏，要回收重新派发；如果被踩脏了，捡起来丢到就近的垃圾桶（如果附近没有垃圾桶，把它们收集起来放到不显眼的地方，在人少时送到垃圾桶中）。

每份掉在地上或被人丢弃的资料只要看见立刻捡起来，是对自己的尊重，也是对项目的尊重。

（2）基本说辞技巧

1）开场白说辞

先生（小姐），早上好（您好）！好消息，××小区，学区房，销售火爆，机会难得，赶紧去抢几套，早去选择机会多一点，先生（小姐），我们现在就过去看一下，走，这边请……请看一下，配套、物业管理完善，现在正式开盘开售，机会难得，我们现在就去看一下，就在前面，几分钟就到了，这边请……

请看一下××小区的宣传单，它坐落于××。小区环境优雅，周边配套齐全，不管是置业投资还是购房自用，我们的房子都一定是您最理想的选择。有兴趣可以了解一下，这边请……

先生（女士），您好！我是××小区的置业顾问×××，现在我们公司正在销售二期精装洋房，不知您最近有打算投资和购房的需要吗？如果客户回答有，则这样回应：我们相遇是您的缘分，我给您带来了很有潜力的项目。

×先生（小姐），向您介绍了这么多，我看您也非常感兴趣，那就耽误您几分钟时间，我带您到售楼部去详细了解一下，那里有我们的全面的资料和专业人员向您作详细、全面的介绍，很近，就在前面。这边请……

2）留电话说辞

留下您的电话号码我们才能周到全面的为您服务，对吧？您电话多少，139 还是 138？

没关系的，留下电话只会对您有益无害，因为这样我们才可能及时、准确地把我们公司的房地产信息和我们售楼部的情况传递给您，对您现在或以后买房都有很大的帮助，您不会拒绝我们诚心的服务吧！

不买房没有关系，我们谈了这么久，交个朋友总可以吧，而且您以后买房说不定我还能给您提供一点建议，给您点参考，毕竟我在房地产这行也做了很长的时间了。您电话是……

（3）疑难问题说辞技巧

1）我很忙，现在赶时间！

回答1：是吗，像您这样的成功人士肯定很忙，不过投资置业也是件大事。您百忙之中抽出时间去看看也是值得的，不会耽误您太多时间，并且多了解一些投资渠道，对您也是有益无害的。

回答2：看您这样成功，肯定很忙，越忙就越赚钱，但是您赚了钱也应该注意置业投资啊，买房置业是稳赚不赔的，花点时间赚钱您肯定不会吃亏。

2）如果客户认为路太远了

回答：我们的项目就在……（简单概述一下项目情况）未来的升值潜力巨大，您一定要亲自去现场看看，买不买没有关系，去售楼处拿一份资料做个详细了解，对您投资置业也会有帮助，没问题的，走吧，我带您过去（那我们打的过去……）！

3）我还有些犹豫！

回答：别犹豫了！（语气不能太凌厉）大不了耽误您几分钟时间嘛，再说买房这么大的事您总得多看两家吧，货比三家不吃亏嘛！走吧！

4）我已经接了很多单页了！

回答：当然呀，像您这么成功的人，肯定有许多人向您提供房产信息，您到过我们售楼处没有？就在前面，现在就去详细了解下，百闻不如一见嘛，我们销售情况很好，早点去挑个好的楼层和朝向。

5）不用了，你上面有电话，我与你们联系吧！

回答：当然可以。不过我们电话是热线电话，每天很多人打电话来咨询，很难打过来，浪费了您的时间，您留一个电话让经理与您联系，有好的信息，跟您约具体时间去售楼处了解。

6）我要看资料，要回去商讨后再决定！

回答：是这样的，先生，您看都没看，回去商讨什么呢？现在您只需要一刻钟时间就可以了解到我们详细的情况，由我们售楼处专业人士向您介绍。这样您回去商讨更有把握您说是不是？现在我带您去，尽可能节约您的时间，现在您跟我去可能只花您10分钟，下次您自己找过去可能要花半个多小时。

7）遇到专业性的问题

回答：真的很抱歉，我认为您问的问题太专业了，我只是一个派单员，不能为您服务，但您现在就可以打电话到我们售楼部，我们的置业顾问一定能解决您的疑问，给您满意的回答。

3. 单页派发技巧

（1）开启夜间派单模式

除了周末之外，夜间外出的人比白天外出的人要多得多，为了达到"一天当作两天用"

的目的，开启夜间派单模式是非常有必要的。

在夜间，人群聚集地主要有五类：百货公司、大型超市、电影院、餐饮区和休闲广场。针对这五类地点可以定制不同的单页和物料，如在餐饮区，可以将单页和纸巾盒一起派发；在大型超市，可以将单页和手提袋一起派发；在电影院，可以将单页和小礼品一起派发，如果可以再深入些，与策划部协作，将一个厅包场，一边派单一边邀请意向客户免费观影。在电影放映之前播放项目视频宣传片，观影之后还可以抽奖，加强客户对项目的记忆点。

（2）活动邀约是主要理由

一张简单的单页应该被赋予更多的内容，根据经验，单页至少应具备额外的四种功能，如图3-2所示。

图3-2　单页的额外四种功能

派单的过程其实是一种"邀约"的过程，有的人认为只有邀约到潜在客群才能产生购买行为，此话不假，但是，哪些客户才是潜在客群呢？很多人拿到单页之后，来到售楼处的初衷不是购房，而是"假装购房"。我们只有进行销售介入，通过现场氛围、卖点输出等手段诱发客户的购买兴趣，才有可能将客户逐步转化。

（3）"冲锋车"的运用

一些有实力的开发商为了让渠道工作更加高效，特意配备了"冲锋车"，其实是移动售楼处，派单人员和置业顾问可以移动办公，当场接待客户，有时还承担起输送客户的责任。

当然，项目档次越高，使用车辆的档次也就越高，加长林肯、房车、精品大巴等都是不错的选择。

派发礼品小贴士：

苏南万科 2015 创意派单

2015年1月的一天，苏州30000名年轻人在街头拿到了一份令人咋舌的礼品："避孕套"。这令众多男男女女们羞红了脸，有的嬉笑，有的谩骂……再仔细看"避孕套"封面上的文案，大家才恍然大悟：万科的营销做得太牛了！

只见上面写着这样的文字："万科装修房，首款5.8万起，幸福生活来一'套'！""我要！现在就要！68～95平方米区域内唯一精装房拎包即住，'乐'不宜迟。"

原来这是苏南万科送给大家的"新年礼物"，用"避孕套"代替了传统的单页，通过形式上的大胆创新博取眼球，完成了一次足以载入史册的派单行动。

可是，为了推广就可以"无下线"了吗？

打开所谓的"避孕套"一看，原来是一块精美的巧克力！

的确是令人拍案叫绝！之前所有的猜测全部褪去。

该案例迅速在业内散开，几乎刷爆了当时的微信朋友圈，业内人士在分析该案例为什么成功时，撰文这样写道：

1. 传播为王，即便是一次派单

没有一点话题传播性，谁记得你啊？你记得昨天吃饭的时候接到的传单是哪个楼盘吗？你会把那 128g 铜版纸印出来的海报发朋友圈吗？拿到这个特殊的广告物品，即便你不发朋友圈，也会拍下通过各种渠道发给朋友，传播就有话题了。

2. 创意是基于产品之上的破局

小小的一枚"套套（巧克力）"，上面满满的都是广告信息，甚至有很难扫的二维码，但是大家并不厌恶它，这样的绝妙创意迎合了客群，甚至赢得了口碑！

3. 没有内涵的文案，不是好文案

把"幸福"与"性福"整合在一起，"尺寸有大有小，幸福始终如一"，这种冥想性太强大了，还贴合了万科所提倡的"好服务"、"精装生活"，所以整套营销是相当有想法的、有完整逻辑结构的一次"主题推广"，这文案，绝对牛！

4. 以小博大，创意让营销力度翻倍

30000 只"避孕套"，按照街边自动售套机计算（好像是 1 元一个吧），就是 3 万元钱，人均营销成本才 1 元钱，即便按照杜蕾斯超薄装每个 5 元，也就 15 万元钱，关键 100% 让接收者记住，15 万元钱也就只能搞场 100 人的产品说明会吧？何况这是巧克力？所以，这种创意让营销的"市场覆盖度"一下子打开了。

[第二节]
电话邀约技巧

电话拓客是营销成本低、效果较好的拓客手段之一，但是很多渠道人员害怕打电话给客户，理由很简单：怕被拒绝！的确，电话拓客是拓客手法中难度最大的，因为所有人都要练就一身"短短几十秒内让客户上门"的功夫。

电话拓客决不等于随机打出大量电话，靠碰运气去推销房子，而是通过"Call 客"有计划、有组织并且高效率地扩大客户群、提高来访量从而促进成交量。看似简单的"Call 客"蕴含着精妙的、体系化的技巧，在这里我们进行详细阐述。

1. 客户资料的选取

掌握一份优质的客户名单是电话拓客的基础，为此，渠道负责人乃至营销负责人要举全公司之力，整合各方资源、通过合法的渠道获取电话号码单，然后再仔细归纳、甄别、筛选和运用。客户资源可以分为两大部分：内部客户资源和外部客户资源。

（1）内部客户资源

内部客户资源是最容易获取到的，也是最珍贵的，因为内部客户已经对本公司及其产品获得了一定的认知。如果忠诚度培养得当，非常容易产生再次购买的行为。内部客户资源共有三种，如图 3-3 所示。

- 公司内部员工
- 公司积累的会员资源
- 已经成交的老客户资源

图 3-3　内部客户资源三大类

（2）外部客户资源

外部客户资源非常宽泛，大部分来之不易，这要靠全公司整合资源，更要靠渠道人员自行获取，获取的渠道更加多样，一般来说共计有 12 个渠道来源，如图 3-4 所示。

多次"Call 客"结果表明，各类客户资源上门和成交转化率排名如下：本项目资源＞拓客渠道＞客户会资源＞代理公司资源＞短信公司截流数据。

2. 电话拓客前的准备工作

（1）人员组成

兼职大学生或者派单公司中的优秀派单员，可在派单员和电话拓客员之间形成晋升或

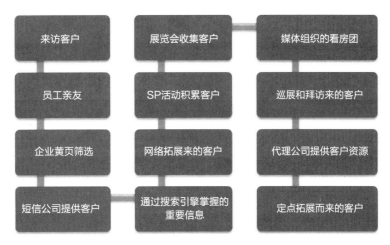

图3-4　外部客户资源的12个来源

降级机制，表现优秀的派单员可晋升为电话拓客员，电话拓客员业绩垫底的降级为派单员。

女生电话拓客效果优于男生，声音甜美、思维能力优秀者尤佳。

（2）三大准备工作

拨打电话之前应做好详细的充分的准备工作（包括精神状态、物料、说辞），大脑一定要清晰，态度要热情、大方、友善、真诚。

1）专业知识的准备

结合项目的房地产专业知识（销讲、房地产基础知识、政策等）；

项目的卖点（包括产品、地段、品牌、价格等）；

所售项目的答客问。

2）工作状态的准备

充满激情，保持热情友善的态度；

注重电话礼仪：控制语速、语调、音量、清晰度和礼貌用语；

接听电话前要及时清除口中咀嚼物；

保持电话铃响三声内接听电话，并使用标准用语，如："您好，××（项目名称），我是×××，有什么可以帮到您？"

3）营销工具的准备

销售讲义夹（内附计算器、按揭利率表等）；

笔和来电客户登记表；

记事簿（用于记录客户购房登记外的其他信息）；

楼书、海报、单页等宣传资料；

标有工程数据的楼层平面图。

（3）寻找合适的"Call客"时间

电话拓客遇到最大的问题是客户的拒绝，据统计，有25%的客户对外来电话的排斥是因为时机选择不对，因此，针对不同的客户选择合适的"Call客"时间是非常重要的。

1）以周为标准

星期一是双休日刚结束上班的第一天，客户肯定会有很多事情要处理，一般公司都在星期一开商务会议或布置一周的工作，所以大多会很忙碌。所以，如果要联系业务，尽量避开这一天。如果我们找客户确有急事，应该避开早上的时间，选择下午会比较好一些。

星期二到星期四，这三天是最正常的工作时间，也是进行电话业务最合适的时间，电话业务人员应充分利用好这三天。这也是业绩好坏与否的关键所在。

星期五是一周的工作结尾，如果这时打过去电话，多半得到的答复是，"等下个星期我们再联系吧！"这一天可以进行一些调查或预约的工作。

2）以天为标准

早上 8:30—10:00，这段时间大多客户会紧张地做事，这时接到业务电话也无暇顾及，所以这时，电话业务员不妨先为自己做一些准备工作。

早上 10:00—11:00，这个时段客户大多不是很忙碌，一些事情也会处理完毕，这段时间应该是电话营销的最佳时段。

11:30—14:00，这是客户的午饭及休息时间，除非有急事否则不要轻易打电话。

14:00—15:00，这段时间人会感觉到烦躁，尤其是夏天，所以，现在和客户谈生意不合适，聊聊与工作无关的事情倒是可行。

15:00—18:00，努力地打电话吧，这段时间是我们创造佳绩的最好时间。

3）按照职业拓客

每个职业性质不同，工作时间不尽相同，那么我们与客户的接触时间也应该不同，表3-3中总结了16种职业的"Call 客"时间注意点，供大家参考。

"Call 客"时间注意点　　　　　　　　　表 3-3

职业	接触时间	职业	接触时间
会计师	月初和月末不可接触，月中最佳	医生	早上 11:00 后和下午 2:00 前，最好的日子是雨天
销售员	早上 10:00 前或下午 4:00 后，恶劣天气会更好	行政人员	上午 10:30 后到下午 3:00 为止
股票行业	避开在开市后，最好在收市后	银行家	早上 10:00 前或下午 4:00 后
公务员	工作时间内，切勿在午饭前或下班前	艺术家	早上或中午前
药房工作者	下午 1:00 到 3:00	餐饮从业人员	避免在进餐的时候，最好是下午 3:00 到 4:00
律师	早上 10:00 前或下午 4:00 后	建筑从业人员	清早或收工的时候
教师	下午 4:00 后，放学时	零售商	避免周末或周一，最好下午 2:00 到 3:00
家庭主妇	最好在早上 10:00 到 11:00	报社编辑记者	最好在下午 3:00 以后

3. 电话拓客说辞技巧

（1）回答的技巧

1）我没时间！

答：我理解。我也老是时间不够用。不过只要 3 分钟，您就会相信，这是个对您绝对重要的议题……

2）我没兴趣。

答：是，我完全理解，对一个谈不上相信或者手上没有什么资料的事情，您当然不可能立刻产生兴趣，有疑虑有问题是十分合理自然的，让我为您解说一下吧，星期几合适呢？

3）我没兴趣参加！

答：我非常理解，先生，要您对不晓得有什么好处的东西感兴趣实在是强人所难。正因为如此，我才想向您亲自报告或说明。星期一或者星期二过去看您，行吗？

4）请你把资料寄过来给我怎么样？

答：先生，我们的资料都是精心设计的纲要和草案，必须配合人员的说明。所以最好是我星期一或者星期二过去看您，您看上午还是下等比较好？

5）说来说去，还是要推销房子！

答：我当然是很想销售房子给您了，不过我的房子是值得您期望的，您才会考虑对吧？有关这一点，我们要不要一起讨论研究看看？下星期一我去看您？还是您觉得我星期五过去比较好？

6）我要先好好想想。

答：先生，其实相关的重点我们不是已经讨论过吗？容我直白地问一句："您顾虑的是什么？"

7）我再考虑考虑，下星期给你电话！

答：欢迎您来电话，先生，您看这样会不会更简单些？我星期三下午晚一点的时候给你打电话，还是您觉得星期四上午比较好？

8）我要先跟我太太商量一下！

答：好，先生，我理解。可不可以约您夫人一起来谈谈？约在这个周末，或者您喜欢的哪一天？

（2）问的技巧

很多客户的拒绝源自于电话拓客人员没有掌握好"问"的技巧，一个优秀的电话拓客人员回答得好很容易，因为有标准说辞，但是要做到问得好的确要下不少工夫。打电话的基本原则是：70% 是倾听 +20% 是提问 +10% 是回答。在这里向大家介绍以下几种问的技巧：

1）多用一些开放性的问题

不能只用"是"或"不是"来回答，它没有预设的答案；越是开放性的问题，越能得到客户的真实答案和潜在需求；如"您觉得我们的房子如何？""您购房最主要考虑哪些因素？"

2）抓住时机进行反问

如果客户觉得价格贵了，那么一定要反问："跟谁比我们贵了？"这样，拓客人员就可以知道我们在客户心中的竞争对手是谁，我们的价格出现了什么问题。

3）主动发问，引导客户的思路

有些客户善于比较，但是人在购买产品时习惯将本产品与差一些的产品比较，在这个时候一定要主动发问，将客户引导到对我们有利的思考路径上来，如"我们的确卖 8000 元 / 平方米，但是您知道对面的 × × 项目吗？早在半年前就卖 8200 元 / 平方米了，您对那个项目感觉如何？"

4）显示出你对客户所陈述的观点感兴趣

其实客户购买某一种产品时并不复杂，有的时候仅仅因为一个因素就会形成购买行为，作为拓客人员一定要倾听客户的观点，很多观点不仅是销售突破口，更加是策略的突破口。

4. 电话拓客的管理与考核

（1）客户分类管理

电话拓客人员要像专业的置业顾问一样，学会对客户进行分类管理，每次"Call 客"分 A、B、C、D 类客户，A 类的特征是"肯定来，并确定上门时间"；B 类特征是"有时间就来，但不确定上门时间"；C 类特征是"没兴趣，但后续有其他优惠或周末活动时愿意接收短信或电话通知"；D 类客户直接挂断或没兴趣，不愿意接收项目任何通知。

拓客人员要对 A、B、C 类客户进行录入，间隔 1 个月左右时间，循环打电话给 A、B、C 类有效客户，再次分为 A、B、C、D 类客户。

当天 Call 到 A、B、C 类有效客户，需及时提交拓展主管，汇总后由拓展主管上报发送至拓展经理处，以确保对客户资源的维护和转化过程的及时监督和管控。

对已预约上门日期的 A 类客户，预约日期前一天需打电话跟客户确认具体上门时间，若客户临时有事，需另约上门时间并在当天及时将邀约变更信息上报拓展主管。

B、C 类客户在三天后进行电话跟踪，确定客户上门意向和时间，并再次进行客户分类。

将项目信息或节点活动以短信形式通知客户，每周 1 次持续发送信息，做好客户跟踪工作。

（2）过程把控

每天电话拓客完毕后，由拓展主管将电话拓客反馈表提交给拓展经理，标注并统计客户级别。客户到场后，电话拓客员需将客户引荐给外拓部外拓主管，通过匹配电话拓客登记表上姓名与客户真实姓名，确认转化为上门客户的有效性，把控电话拓客结果真实性。当然，每周电话拓客奖励以外拓部已确认的有效上门客户数量为准。

除此之外，管理人员每周要完成 4 个表格：

当日电话拓客结果必须要在次日录入电子表并公布电话拓客日报；

每周末必须要统计当周电话拓客转上门和成交数量；

根据当日电话拓客情况调整口径内容和客户资源；

根据当周实际电话拓客情况调整下周电话拓客计划。

（3）奖惩制度

每日"Call 客"电话量：150 个（数量可适时调整，如果电话有限两个置业顾问可以用一个电话）。每日约访上门量周一至周四 1 组/（天·人），周五至周日 2 组/（天·人）（每周不低于 10 组/人）。

为提高销售"Call 客"积极性和质量，设置周"Call 客"奖励，每周电话转上门量前三名的销售给予奖励（第一名 500 元、第二名 300 元、第三名 200 元，奖项仅作参考，根据项目不同节点及不同情况设置）。

对于"Call 客"量没有完成的销售进行惩罚，每人罚款 100 元作为团队活动基金。

"Call 客"组组长要经常进行"Call 客"记录检查，每天不定期回访"Call 客"记录，如有作假，1 个罚款 50 元，超过 3 个罚款 200 元。

每周总结例会上颁发销售激励，由领导颁发现金奖励，表示对"Call 客"任务的重视及激励。

[第三节]
与中介合作的策略与方法

不得不承认,二手房经纪人参与新房营销的时代已经来临了,或者说,早已来临……

据一些知名的地产经纪公司透露,2014年很多房企在布局渠道工作时都选择了"一二手房联动"策略,其成绩也非常不错:二手中介可以占总销售量的三成以上,在深圳,中介销量比例可达七成以上,市场上甚至出现了"没有中介帮忙就卖不好房"的现象。

随着宏观调控常态化的运行,二手中介遭遇了行业大洗牌,成交越来越困难,地产经纪公司在面临生存压力后发现门店多年积累的客户数据库被开发商视为珍宝,于是毅然投身新房的营销工作中去。以搜房网和房多多为代表的电商公司,更是整合了线上网络和线下中介门店等资源,在日益纷杂的市场中脱颖而出,成为开发商又爱又恨的"合作方"。

爱它,是因为它的确可以为项目的销售工作带来一定的促进;恨它,是因为中介和电商是渠道工作中最难管理、最难掌控的分支。总结下来,对于中介公司一共有三大管理上的难点:

(1)利益难平衡。中介公司往往与多家房企合作,而中介人员则喜欢将意向客户带到佣金比例较高的房企去,引用业内一位营销老总的话:"这帮中介啊,真是捧在手里怕摔了,含在嘴里怕化了!"

(2)拿了这家拿那家。有些中介或电商公司以收取客户的"团购费"为主要收入来源,不仅如此,他们还会收取开发商的佣金,"双向收费"极大地损害了业主和开发商的利益。

(3)低价销售。中介和电商公司的功利性很强,一切以成交为导向,由于他们可以从开发商手中拿到较低的折扣,因此他们往往以很低的价格成交,打乱了案场的定价和守价体系。

那么,面对这三大问题,我们该如何化解呢?

针对中介和电商公司的管理应该寻求突破,否则会成为最难控制的渠道模式,我们需要遵循"三不原则",如图3-5所示。

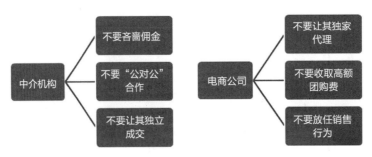

图3-5 针对中介和电商公司的管理原则

（1）中介机构：不要吝啬佣金

二手房经纪人和新房经纪人一样，薪资一般大多采用"低底薪+高提成"的模式，二手房经纪人由于缺乏广告、公司品牌、职能部门等资源的帮助，导致成交困难，身心俱疲。二手房经纪人转向新房销售后，为了提高他们的积极性，开发商切勿吝啬佣金，佣金比例最好略高于市场平均水平，而且发放要及时，否则二手房经纪人手中的客户资源就会流失到竞争项目去。

除了佣金之外，最好再增设"带看奖"，即只要带来客户就有奖金，数额可以根据客户的意向度进行考量，一般金额为50~100元/人不等；"溢价奖金"，这部分钱可以弥补"低佣金"带来的弊端，通过溢价部分激发中介人员的带看及成交热情。

（2）中介机构：不要"公对公"合作

这个提法不完全对，严谨地说应该是"不要局限于'公对公'的合作"，渠道管理人员应该加大"公对私"的合作。虽然开发商都会找到中介公司或门店寻求合作，具体的提佣比例也会和对方约定好，但是可以针对经纪人的个人业绩制定奖励计划，既提升了经纪人的工作积极性，又不影响行业规则和经纪人的职业操守。

（3）中介机构：不要让其独立成交

二手房经纪人可能同时为几家甚至十几家楼盘服务，不可能对项目卖点深入了解，还有的二手房经纪人仗着可以拿到低折扣房源而将房子贱卖，因此，绝不可以让二手房经纪人独立接待，更不能让其独立成交。

二手房经纪人可以仅承担带看和协助销售的工作，具体工作由内场销售人员承担，营销负责人需要针对内场销售人员的工作量制定奖励政策。

（4）电商公司：不要让其独家代理

如今的电商公司服务范围非常宽泛，集营销代理公司、媒体、中介机构等功能于一身，因此他们常常承担起"全程营销代理"的责任。有的开发商为了省事，干脆将项目委托一家电商公司代理，风险非常大；还有的开发商为了开拓渠道，除了建立自己的销售团队之外，只引进了一家电商公司，造成了"一家独大"的现象，导致管理失控。唯一的解决办法就是引进多家代理公司，雅居乐地产是该种管理形式的受益者，该公司几乎所有的项目都有三家或三家以上的团队在销售，有代理公司也有电商公司，而且销售业绩也不错；唯独在江苏的镇江只引进了一家公司，导致开盘惨淡，项目在很长的一段时间内没有恢复元气。

（5）电商公司：不要收取高额团购费

有很多电商公司为了降低经营风险，占领市场份额，借"××万元团购费可以抵扣××元"为名，向客户收取高额团购费获利，没有交纳该团购费的客户均不能享受到购房优惠，搞得客户怨声载道。开发商不但不杜绝此类行为，反而助长团购费之风，毕竟，电商公司收的是客户的钱，而不是开发商的钱。

团购费是否合法的问题我们暂且不议，但我们认为此举至少不合情理，因为客户有花钱买房的义务，但并没有再花钱买"优惠"的义务。

（6）电商公司：不要放任销售行为

与中介公司的经纪人一样，电商公司的工作人员毕竟是非专业人员，对于该类情况同样以采取"电商导客＋内场接待"的形式为宜。

中介合作小贴士：

一二手房联动"破冰"营销，力创中海城销售新高峰

2014年5月27日下午14时，西安中海城营销中心已被数百位房产经纪人挤得水泄不通，场面相当火爆。他们或用手机记录中海城项目区位图，或手持搜房网一二手联动房源信息表，在5月低迷的楼市里，还有什么事件，能聚集百余名经纪人，在中海城营销中心震撼誓师，声称力创销售高峰？

14：30，主持人出场，谜底揭晓！这百余名二手房经纪人将与中海·凯旋门项目、搜房网共同开启西安房企营销新模式——"一二手房联动"的新篇章。这不温不火的5月，一二手联动成为破冰购房观望的利器，促进新房销售市场成交，助力二手房经纪人业绩增长，与此同时，助力购房者购得品质更高、折扣更"惠"的房源，1+2＞3，一二手联动力创中海城销售新高峰。

15：00，中海城置业顾问为百名经纪人介绍项目详情，项目占据曲江核心位置：位于曲江一期和二期的交汇处，既可以享受一期成熟的配套，又可以享受二期未来规划的配套，升值空间非常大；项目户型设计经典，深受西安刚需及改善客群喜爱；中海地产作为央企，十年诚意之作中海城，又将为曲江二期树立宜居新标杆。

15：30，西安搜房网"一二手房联动"负责人向在座的百名经纪人介绍了"一二手联动"的操作流程，对于如何进行客户报备、带看等流程进行了详细解释说明，对于"一二手联动"在PC和APP上的具体执行和监控方式进行了直观形象的展示。

现场经纪人对搜房的APP产品如搜房帮、新房帮都十分熟悉，对于更进一步在"一二手联动"领域发挥的作用十分期待，与此同时，他们很认同"一二手联动"的销售理念，在他们看来，在当前的市场环境下，该措施的确有利于促进成交。

"一二手联动"活动为经纪人提供高额佣金回馈：经纪人带看奖100元，经纪人成交奖1000元，经纪公司成交佣金奖项：单套成交额的1.5%。并承诺：带看奖当天返现，成交奖在5个工作日内兑现！

[第四节] 团购推售实施技巧

团购是所有渠道工作者的梦想,也是渠道人员频繁接洽的终极目的!

地产界的团购在形式上主要包含两类:一是利用大幅度折扣优惠,进行持续性团购推广,促使短时间内大量的成交,面向的是散户;二是利用在团购单位的定向推广,增加项目在客户中的认知度,形成持续性成交,面向的是定向团体客户。在本书第二章,我们介绍了八大系统的拓客思路,这八大系统的客户均是定向的,针对这类客户的团购推售工作应该如何开展呢?本节将进行详细介绍。

团购客户的拓展大致是这样的操作流程,如图 3-6 所示。

图3-6 团购推售工作的六个步骤

1. 团购的前期接洽

团购的前期洽谈工作主要有两大工作内容:按照客户地图排摸团购意向和寻找团购关键人物!

(1)找到团购单位

关于客户地图本书已经详细介绍过,根据客户地图挖掘团购意向单位是渠道人员的工作核心,一般来说,某一个机构或组织如果有意向团购会释放如图 3-7 所示的信号。

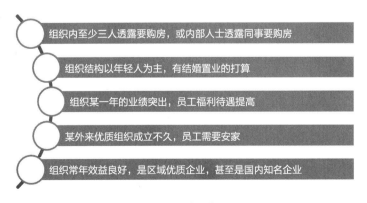

图3-7 团购组织会释放的团购信号

那么，哪些组织机构的团购效果比较好呢？世联地产曾经对各类单位的团购效果进行评估，结果如表3-4所示。

各类单位团购效果评估结果表　　　　　　　　表3-4

单位类别	优势	劣势	企业范例	效果评估
关系单位	优质单位，员工购买力强	企业过大，合作意向不是很强	政府、银行、移动、联通	★★★★
合作单位	合作意向强，便于团购信息传播	客户群体购买意向不强	投资公司、代理公司、广告公司	★★★
内部员工	便于团购信息传播	针对客户群体较少	开发商内部各个部门和分公司	★★★
从积累客户中寻找团购单位	企业范围广，容易找到企业团购联系人	部分单位购买意向不强	医院、电力、学校	★★★★
慕名上门拜访周边企业	周边企业客户对项目的认可度较高	部分企业购买意向不强，不便于团购信息的传播	项目周边的企业或片区大型企业	★★

从表3-4可以看出，福利越好的机关单位及国企做团购的效果越好，因为这些单位中的客户群体量大，且消费力相对较强。团购单位效果排序为：银行＞政府＞移动、联通＞医院＞电信＞开发商内部＞周边大型企业＞周边小型企业。

那么如何找到这些团购效果突出的企业？可以从三个方式着手：

第一，通过老业主挖掘团购群体，老业主由于以前购买过项目，一般对本项目会比较认可，所以找对应在这些单位的老业主；

第二，如果是新开盘的项目，可以在已认筹的客户中联系其单位团购；

第三，"陌拜"拓展团购单位，比如让渠道人员直接去拜访中国移动、联通、医院等企业，"陌拜"可以先从项目周边企业开始。

（2）找到关键人物

在圈定团购企业后，接下来就是确定团购单位的"线人"，也即公关关键人，或者召集人。公关关键人选择非常重要，对后期团购活动起到很重要的召集及推动作用，公关关键人一般要符合四点要求：

1）认可本项目；

2）在该单位有一定的影响力、号召力，比如是公司的政工科、团委、职工委员会的员工；

3）热心，且在单位人缘佳；

4）在单位有一定的话语权，核心部门领导最佳。

关键人物一般都是组织内部的核心人物，与普通的渠道人员几乎没有交集，那么渠道人员应该通过何种途径接触到关键人物呢？我们有五大建议，如图3-8所示。

选定了关键人物之后，渠道人员和管理人员要分别携带礼物登门拜访，确定一系列信息，如单位内部真实情况、团购注意点、推介时间、推介地点、团购的形式、内部人员的

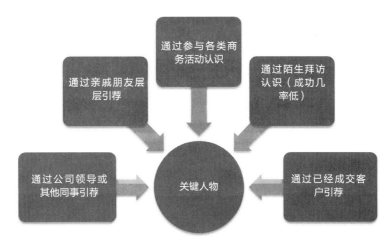

图3-8　接触关键人物的五个途径

意向价格、内部人员的额外需求等。

值得一提的是，公司必须要针对关键人物制定奖励措施，比如关键人物购房除了可以享受团购折扣外，还可以享受额外的奖励，一般以 1000 ～ 5000 元 / 套的金额作为奖励标准（豪宅项目按实际情况发放）。另外，也可以让关键人发展推荐人，给予积极推荐朋友购房的人一定奖励，如推荐人购买房子，则按其购买单位以折扣的形式折上折给予推荐人奖励；或者推介客户到访且成功购买的，要各自奖励推荐人及负责人。

2. 团购工作的实施

找到团购单位和关键人物并且充分了解了内部人员的真实需求之后，团购工作要如火如荼地开展了，开展工作的第一件事就是根据了解的情况制定详细的团购方案。

一份优秀的团购方案至少要包含 6 个方面的内容，如图 3-9 所示。

图3-9　团购方案的六大内容

团购方案有很多注意点，语言要具有一定的煽动性，核心卖点和主要卖点一定要重点突出，通过图表、对比等形式把问题讲透彻。在撰写优惠方案时，一定要注意两种价格的对比，让客户体会到实实在在的优惠。

在这里值得一提的是"针对性的附加服务"，公司可以利用自身的优势以及单位员工的需求定制一些附加服务，如免费清扫服务、免费无线 WIFI 服务等，这些服务要被视为"特权"提供给团购单位。

（1）团购信息传播及推广

每个企业都有自己的传播渠道，需要在拜访时与企业进行充分沟通。通常而言，内部邮件、企业内网、食堂驻点、短信推送、内部宣讲等是较为通用的推广渠道。

世联地产曾经对 7 种推广方式进行效果评估，结果如表 3-5 所示。

7 种推广方式的效果评估结果　　　　　　　　表 3-5

序号	传播方式	企业范例	效果评估
1	企业 OA 系统	银行、政府	★★★★
2	内部短信平台	电信、移动、联通	★★★★
3	部门宣讲	大型国企	★★★
4	内部发文	分支机构较多的大型企业	★★
5	海报、易拉宝摆放	有食堂的企业	★★
6	获得企业员工电话	小型企业	★★★
7	企业内网发布	大型企业	★★★★

1）内部邮箱

关键点：表述简单直接，要突出项目的核心卖点，项目介绍和信息如果太长可以以附件的形式附在邮件中，也可以做成 EDM 网页形式，要突出项目实景，可以多放项目样板间图片吸引客户。

2）线下工作

DM 单页派发：得到单位负责人的许可之后，派遣渠道人员在团购单位写字楼门口派发 DM 单页或礼品；可以在员工停车棚内各电动车、私家车插放 DM 单页。

设置展位：在公司写字楼门口或食堂设置展位，放团购 DM 单页、易拉宝、户型图等，为意向客户提供现场咨询、讲解等，对意向客户赠送项目小礼品等。

项目推介会：由关键人安排组织专场项目推介会，需要提前准备好项目介绍 PPT，最好可以现场展示 360°看房的效果，参加项目推介会的员工可以获得小礼品一份。

专场活动：定期针对团购单位组织专场活动，如每月在项目为各团购意向客户举行一次员工生日会或联谊活动等。

（2）团购优惠细则制定

团购的优惠细则主要包含四方面内容：

1）拿出哪些房源、多少房源做团购活动；

2）具体的团购优惠折扣是什么；

3）帮助客户算一笔账，越划算越好！

4）特殊政策：如低首付、贴利息等。

此外，除了房款优惠，还可以整合其他商家资源、项目配套资源，给予客户其他形式的优惠，比如碧桂园某项目制定的拓客套餐如表 3-6 所示。

碧桂园某项目制定的拓客套餐　　　表 3-6

针对客群	套餐标准
政府领导、企事业单位管理层、银行高端 VIP 客户、老业主	项目酒店体验券（康体及客房体验券）、商家赞助高端礼品及优惠券
企业主、公务员、医疗系统、教育系统	项目酒店体验券（康体体验券）、商家赞助高端礼品及优惠券
各商家 VIP 客户、意向客户	项目酒店体验券（康体体验券）、商家赞助普通礼品及优惠券

3. 团购团队分工及奖惩措施

（1）团队分工

渠道人员虽然获得了团购的准入资格，但是仅凭某一个拓客小组是不可能完成团购活动的，必须得到项目营销总监甚至是开发公司最高领导的支持。一个完整的团购组织架构中至少应该有 6 个工种的参与：

团购总协调人：负责与单位负责人或关键人物协调工作，确保工作有序开展。

销售负责人：负责团购的一切工作，如工作的具体安排、优惠政策的制定、人员的安排等，另外也是宣讲的主讲人。

渠道组长：根据团购单位的规模判定渠道团队的规模，不能少于两组进驻，负责每个部门的具体拓客，将信息深入传播到每一名员工。组长要为组员的工作提供便利，如协调用车、物料的准备、客户的谈判等。

策划专员：要制作此次团购的专属物料，负责各种推广渠道的具体执行，并且负责优化推介资料以及礼品的定制。

渠道组员：在组长的带领下深入每个部门，把项目信息和团购信息传播出去，为职员提供答疑服务，并且获得意向客户的电话号码。

置业顾问：在宣讲现场或团购集中日，必须派遣专业的置业顾问进行现场解说。

（2）奖惩措施

针对团购的奖励措施是非常灵活机动的，至少可以设置 5 个以上不同的奖励方式，如图 3-10 所示。

单次成功推介奖	成功推介TOP1	单套成功认购奖	既定目标完成奖	活动促成奖
•只要成功组织一次推介会即可奖励300~500元	•每月完成推介会场数最多的渠道人员予以2000元的奖励	•除了应有的佣金之外，对于单套成功认购的予以200~500元的奖励	•推介之前渠道负责人制定定购目标，对于完成套数目标的予以2000元的奖励	•虽然没有谈成推介，但是成功将单位员工引入售楼处参加活动，可以给予200~500元的奖励

图3-10　团购的5种不同奖励方式

团购方案小贴士：

无锡协信中心团购 PPT 文案（部分）

P1：

你知道，3.6 万元可以做什么吗？

P2：

存银行？买股票？买基金？投保险？开玩笑吧？！除非您的智商余额不足。

放到余额宝里？区区 4.5% 的收益还抵不上通货膨胀呢！

P3：

3.6 万元，只够买一个 LV，但一年后被扔在衣柜里；3.6 万元，只够买一块手表，但时间的价值不会改变；3.6 万元，只够为孩子存两年的教育基金；3.6 万元，只够买 95 克的黄金……

但是，在这里，3.6 万元，您可以拥有太科园 CBD 一套精装现房！

P4：

两个月工资付首付，且买且珍惜！

协信中心推出"10% 超低首付"产品。

毛坯 SOHO 首付只要 2.5 万元，精装 SOHO 首付只要 3.6 万元，产权式酒店首付只要 6 万元。

其他贷款由公司垫付，而且是无息的哦！

P5：

现房，你懂得！时间就是金钱，投资时机只争朝夕！

协信中心全现房销售啦，今天投资，明天即可收租，当包租婆的感觉，你懂得！

P6：

不限购不限贷，协信中心属于高大上的商业地产，升值潜力远远高于普通住宅。

不限购不限贷，不占用您的购房名额。

P7：

也许您是投资客，是不是怕房子空置？

也许您是短租客，是不是怕离开无锡之后小窝无人打理？

没有关系，都是自己人，您的需求就是我的工作，我们特意成立了租售服务中心，为您提供海量租客资源，而且租客层次都是高大上的哦！

P8：

作为内部员工，您可以享有四大特权：

· 协信中心营销部为您免费提供高端租客资源；

· 为您提供至少 5 种低成本装修方案，投资自住两相宜；

· 为您无偿提供软装资源，成本低于市场价；装修交给我们，免除您的后顾之忧；

· 如果您是自住，额外赠送价值 2000 元的衣物干洗券。

[第五节]
外部展点拓客技巧

外部展点是渠道人员的重要战场,它存在的意义就是"让产品与客户的距离更近"!

外部展点可以是复杂的展厅,也可以是简单的摊位,甚至还可以是独立的个体,碧桂园称之为"多级展厅",本书第一章第一节已经对其详细阐述过。外部展点可以分为三种类型,如图3-11所示。

图3-11 外部展点的三大类型

渠道为什么如此重视外部展点工作?因为它具有网点多、派单易、拓客易、机动灵活等优势,对于渠道工作来说,唯有快速地信息传播才能便捷地导入客户。那么,如何有效地利用外部展点进行拓客呢?本节介绍几个有用的技巧。

1. 打造创新装备

无论是何种类型的展点,主要目的是通过派单、开展活动等途径吸引客户,从而达到输送到售楼处、促进成交的目的,但是外部展点大多在人口密集地,且各个楼盘竞争日益激烈,每一家公司都在派发单页,自己的楼盘广告非常容易被湮没,因此,使用识别性较强的装备是外部展点拓客尤其是在商业中心和高档酒店等人流密集地拓客的重中之重!

(1)聘请外籍人士

为什么很多老外走在中国的街道上可以引起国人的注意?因为稀缺,所以识别性很强!我们可以聘请外籍人士做我们的派单员,谁的单页都可以拒绝,国际友人的单页应该不会被拒绝吧。如无锡协信未来城在2014年4月推出了系列品牌推广活动,为了吸引眼球,主办方特意邀请数十位外籍人士打扮成兔女郎在人群密集处巡游,担任此次巡游方阵"领袖"的两位兔女郎是两位来自非洲的"黑女郎"(见图3-12)。活动在售楼处开放前持续近一周时间,达到了"短爆"的效果,几乎是一夜之间,"协信未来城"这个名字家喻户晓!

图3-12　协信未来城的兔女郎巡游方阵

（2）穿戴主题服饰

奇装异服总是可以吸引眼球，在外部展点派发单页时可以让渠道人员穿上某主题服饰，不仅可以引起行人的驻足观看，还有很强的亲和力，如唐僧师徒四人的行装、蜘蛛侠的衣服、美国队长的遁甲等，如果想吸引小朋友，可以穿小魔仙、熊出没等目前热门动画片的服饰。

（3）让夜间拓客更高效

外部展点一般营业时间较长，因为客户只有在下班后才会有时间逛街、看房，可是夜晚的时候客户对普通的单页是没有任何兴趣的，而且再奇怪的衣服在夜幕下也失去了功效，那么办呢？我们可以将LED这个最常见的可发光物件进行技术处理，成为一个轻便的移动广告牌。镇江腾讯房产网正是这个创意的开发者，晚上游动的"小蜜蜂"成为靓丽的风景（见图3-13）。

（4）"冲锋车"是外部展点必备利器

"冲锋车"就是我们常说的移动售楼处，一般由机动车改装而成。它在外部展点中担任重要角色，可以

图3-13　移动广告牌

移动接待客户、输送"小蜜蜂"、充当看房车等，其实它本身就是一个高效的外部展点。

（5）轻便装备，让每个人都是外部展点

很多人认为派单员只起到信息传播作用，其实也可以起到接待客户的作用。很多渠道管理人员喜欢为他们制作一个移动展板，在人流密集处进行移动式宣传，但为什么不能把工作做得再深入一些呢？可以给他们每个人定制一个轻便、可折叠的桌椅，桌子外侧或表面制作一块KT板或横幅，然后再带上宣传资料，渠道人员只要布置好这三样东西，瞬间成为最小的外部展点。

2. 外部展点拓客注意点

在商业中心或酒店中的固定展点与售楼处无异，但是社区展点和移动外部展点的操作有更多的细节需要我们注意。

（1）展示前造势是必要工作

目前人们的生活方式相对封闭，大家都习惯了"三点一线"的枯燥生活，或许根本不会注意到房企千辛万苦设置的临时展点。要想让展示更有效果，必须要有系列的造势活动，造势活动一般分为三种，如图3-14所示。

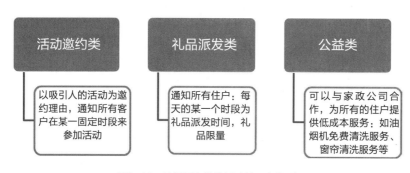

图3-14　外部展点造势活动的三大类别

（2）善于利用社区配套的力量

每一个社区住户都有自己的生活圈，作为渠道人员一定要注意观察他们的生活习惯和经常出入的场所，如距离社区最近的超市、商场、饭店等，便利店也是不可忽视的地方。

渠道人员可以与这些商家取得联系，通过借力推广、植入广告等形式合作，把客户导入临时接待点。如印制10000份购物袋或塑料袋，免费提供给商场和超市，还可以在这些场所摆放宣传资料。

现在很多社区都配备健身场所，老人和孩子都喜欢在这里娱乐，渠道人员可以定制一些老人和孩子喜欢的礼品，或组织他们开展一些竞赛类、娱乐类的活动，也可以取得非常不错的反响。

（3）善于利用社会资源

在日常拓客过程中，渠道人员常常会遇到一个难题：很多品质型社区物业管理特别严格，非住户连进都进不去，更不要谈驻点拓展了。

在遇到这个问题时，"快递公司"是一个值得我们整合的资源，因为保安不会拒绝快速。目前市面上有两种合作方式：

1）印制项目广告即时贴，请快递公司工作人员贴在快递包裹上，广告自然随包裹一起送入住户家里；

2）与快递公司（或邮政公司）深入合作，快递一些礼物给住户，由快递公司工作人员负责挨家挨户地派送，到达率100%。

镇江协信太古城项目就运用了类似的办法：某住宅小区的业主晚上一回家就发现入户门旁边躺着一份"快递"，住户很自然地就拿回家看了，打开一看原来是一份商业发布会的邀请函和免费洗车券。这一方式很快得到了业内的普遍赞誉，业主对此也没有表示反感。

[第六节] 异地拓客手法与技巧

虽说房地产项目皆以地缘性客户为主,但是随着楼市竞争的日益激烈,很多开发商为了获取更多的市场份额,纷纷着眼于周边区域,于是一批批"精兵"被派往目标区域,但是大部分都失败而归,极少开发商能够把异地拓客做好,为什么?主要原因是拓客工作形式大于内容,"非本土化"带来诸多"面子工程"!

异地拓客应该怎么做?首先,我们要确定的是自己的项目是否必须要异地拓客,如果你的项目具备如下条件中的一条(见图3-15),请立即部署异地拓客工作。

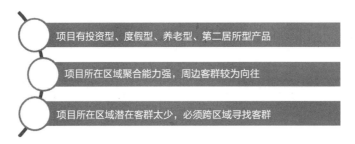

图3-15 适合异地拓客的三类项目

总体来说,要确保异地拓客达到预期效果,需注意五大事项:

第一,要注意投入资源成本的效益分析,要看投入和产出是否划算;

第二,评估是否适合做异地营销,也就是要评估项目所在城市是否具有张力、项目本身是否具有吸引力;

第三,宣传推广人员拓客能力的培训,要先在当地制造关注度,吸引相应的客群,才好组织有拓客能力的团队进行拓客;

第四,要具有业务配套,比如为异地置业群体提供更多的优惠力度等;

第五,品牌知名度不高的房企不适合做异地营销,只有品牌知名度高的企业或项目才能给购房者树立购买的信心和可能性。为此,我们向大家介绍几个异地拓客的技巧。

1. 建立本土化渠道团队

说到异地拓客,大家脑海里首先浮现的画面一定是这样的:红灯亮起,车子停了下来,一张粗糙的单页突然被猛塞到你的车内,拿起来一看,原来是某海景房的宣传资料。

笔者就曾经接到过这样的单页,而且特意邀请其中一位派单员上车询问情况:原来他们并不是该项目的销售人员，甚至不是开发企业的员工，只是代理商雇佣的几个普通派单员而已。单页上既没有标明本地的接待地点，也没有说明该产品的投资价值，真的不明白这样的派单有什么意义！

不得不说，虽然这种拓客手法不值得提倡，但是拓客精神却是值得称赞的，可惜方法不对，说到底是团队出了问题。据我们总结，在异地拓客团队建设上，市面上大约有三种错误的管理方式：

（1）开发商认为委托当地的一个或几个代理公司即可，缺乏有效的监督和激励；

（2）开发商"空降"数十名自己的渠道人员，但由于缺乏本土人脉，行销工作举步维艰；

（3）有的开发商将两者相结合，但缺乏有力的支持（主要是策略支持和资金支持），导致很多工作浮于表面。

要知道，异地拓客的难度远比本地拓客难得多，在人员配备上要遵循"本土优先、资源整合、导客为王"这十二字方针。尤其是"资源整合"这四个字最难做到，要求营销管理人员和渠道管理人员要利用一切资源，如媒体、营销代理公司、中介公司、广告公司、政府等尽快地打开局面，为拓客工作奠定坚实基础。

异地拓客小贴士：

旅游地产三级分销代理模式

分销是旅游房地产中小项目目前最常用的营销手法，通常分三级分销（代理）。

1. 一级分销

一级分销为总分销（也称总代理），与开发商签订代理合同与分销合同，负责项目现场销售，以及异地的销售。总分销一般由当地比较优秀的代理机构担任，他们在异地都设有销售部或合作代理机构，总分销与开发商发生直接代理事项，负责传达与传播项目营销策略，实施异地营销计划，接送异地输送来项目看房的旅游客户。

2. 二级分销

分当地与异地二级分销：

（1）当地二级分销，在项目所在地区设立的分销销售部（比如在海口、三亚），由总分销统一管理，二级分销的营销推广活动、销售策略根据当地情况实施，与总分销一起执行。

（2）异地二级分销，在不同的省份成立，二级分销都设立在省府所在地，由总分销统一管理，二级分销的营销推广活动、销售策略，直接按总分销整体营销策略计划执行，但也要根据异地的实际情况分阶段实施。

3. 三级分销

三级分销是在二级分销下面的二三线城市，由二级分销机构发展的子分销公司。主要任务是为二级分销拓展销售任务，也是最基层的销售机构，二级分销一般在二三线城市选择一到几个分销公司或个人作为自己的下线，根据项目营销要求传播与销售，由二级分销制定区域营销推广活动计划，以及安排集中看房旅游出发时间。

2. 快速建立"阵地"

拓客的难点在于"收网"，如果没有一个好的"阵地"显然是不可能做好"收网"工作的，选择一个或几个好的展点是拓客团队成立后的第一个重要工作。

以宁波碧桂园为例，为了完成导客任务，开发商在同一时间内分别在宁波的北仑、义乌、慈溪、余姚四个城市或区域建立了展点，这些展点全部设置在人流量较大的商超内，而且分别设置了看房班车，确保在异地拓展的客户可以快速被导入现场售楼处。

3. "短爆"式推广组合拳

很多营销高管一提到"异地推广"脑海里就蹦出来三个字：发单页！

一个陌生的企业来到一个陌生的城市，带来一个陌生的项目，面向一群陌生的客群，难道不应该做一系列正规的推广吗？

我们认为至少有三类推广动作是值得做的，如图3-16所示。

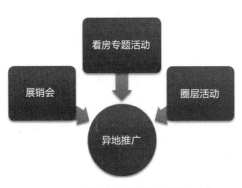

图3-16 异地拓客应该做的三类推广动作

（1）展销会

展销会是进行品牌输入的最佳平台，这里所说的"展销会"并不特指房展会，而是与商品展销有关系的一切大型交易会。项目来到陌生的城市后，可以与其他品牌捆绑推广，每次推广时都要有"看房主题"，邀请参观者到实地体验。

（2）看房专题活动

用当地媒体开展旅游看房专题活动，用推广活动累积客户，策略性、计划性的宣传，用事件营销、品牌营销、视觉营销在当地掀起一股项目品牌热潮，回访登记客户，累积成有望客户，及时输送到项目所在地。对于旅游度假类产品，可以利用当地的著名旅游机构，投放项目DM介绍或设计成小型经典旅游指南楼书，突出项目周边旅游优势和项目主要卖点，诱发客户的联想与欲望。

（3）圈层活动

与在本土拓客一样，渠道人员还是要先画好客户地图，以圈层为单位进行逐一突破，以活动为邀约理由，邀请客户到实地参观。

异地营销客户群体的累积在于营销策略与推广，以及当地资源的利用；在营销节点上，关键是我们怎样搭建异地平台，也就是说异地合作伙伴的资源与实力是项目推广的最主要部分。

4. 找到关键人物，渗透当地圈层

与本地拓客一样，异地拓客也要把时效性放在第一位，因此"让本地人找到本地的关键人物"显得尤为重要。

这一做法最具代表性的企业就是 SOHO 中国，营销人员发现，SOHO 中国旗下项目包括三里屯 SOHO、朝阳门 SOHO 等都有大量山西买家，这是除北京人以外最多的客户。要知道，晋商在中国商界是"土豪"和"团结"的代名词，潘石屹正是利用了这两大特点，首先找到山西省最有影响力的企业协会荣誉会长，通过他迅速打开局面，达到了扩大圈中影响力的目的。此后，SOHO 中国的工作人员是常驻山西，长期举办巡回推介会和答谢酒会，基本上与当地所有资源性老板有着联系。当然，这一举措也带来了巨大收益，曾经某半年内，SOHO 中国仅在山西境内销售额就超过 1 亿元。

异地拓客小贴士：

碧桂园某项目异地拓客的"两重点"和"三部曲"

"两重点"指的是"首拓富裕城市"和"主攻主要行业"；

"三部曲"指的是"短期广告"、"速食人脉"和"阶段收网"（见图3-17）。

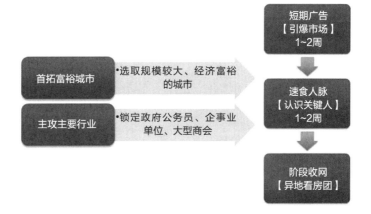

图3-17　碧桂园某项目异地拓客的"两重点"和"三部曲"

[第七节]
渠道人员拜访客户注意点

拜访客户是渠道人员拓客过程中较为常见的行销动作之一,但是在我们日常管理过程中发现,很多渠道人员对拜访客户比较抗拒,有的人认为主动找客户卖房子显得自己很"掉价",还有的人比较害羞,不知道如何找到客户,更不知道拜访客户时该干些什么。

任何一种销售都是从直面客户开始的,没有第一次的接触怎么会有后来的成交?潜在客户难以导入售楼处,渠道人员若不主动出击,机遇如何把握?销售本身就是一种服务,主动找客户推销房子本身就是服务的过程,谈何"掉价"?因此,渠道人员要重视客户拜访工作,不断提升拜访及谈判技能,要知道,95% 以上的豪宅成交是通过客户拜访达成的。那么,客户拜访工作应该如何具体开展呢?

1. 拜访客户前的准备工作

(1)制定详细的拜访计划

客户拜访的具体计划一般在绘制客户地图和寻找到关键人物之后制定,计划主要包括:拜访人物清单、拜访顺序、资源清单、人员安排、费用安排五个部分。

拜访计划最大的难点是划定拜访对象的优先等级,因为对象不同,拜访人的级别及相关物料甚至说辞都不同,这个细节一定要由渠道管理人员和营销管理人员把控。

(2)提前准备拜访资料

关于拜访资料,本书第一章第五节"高效率拓客工具的准备"中已经详细阐述过,这里不再赘述。

(3)提前与客户约好拜访时间

拜访客户前,一定要提前与客户约好拜访时间;如果没有与客户约好拜访时间,就直接登门拜访,那是对客户的一种不尊重和非常鲁莽的一种行为,并使得客户对拜访者产生强烈的不信任感,从而导致商业合作就此中断。

拜访客户的时间也很有讲究,一般来说,上午 9:00 到 9:30、下午 2:00 到 3:00 是非常适合拜访客户的时间。在这个时间段拜访客户,一方面客户正好处于上班时期,双方精力都很充沛,精神状态也非常不错;另一方面,双方都有充足的时间来进行深入的沟通和交流,如果谈到兴浓时,双方还可以约好一起吃午餐或晚餐,继续深入沟通。

其他的时间段拜访客户,则需要看拜访对象是谁,预计拜访时间要多长,然后才好做出相应的安排。原则上,不赞同上午或下午刚上班时间就去拜访客户,因为这个时候,往往是客户处理杂事、安排工作的时候，客户会非常忙，其重心和关注度也不在购房上面。

（4）充分了解对方信息

在拜访之前，必须对被拜访人以及所在的组织进行尽可能深入的了解，如客户的姓名、性别、职位、大致年龄、话语权、兴趣爱好等相关信息，这些信息，有助于渠道人员在正式拜访客户时，恰到好处地与客户进行沟通、交流。

2. 客户拜访过程中的技巧

营销界把客户拜访的过程划分为三个阶段，总结出了"十分钟法则"，如图3-18所示。

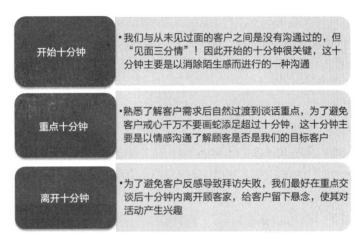

图3-18　客户拜访的三个"十分钟法则"

进门之后，有如下四个注意点：

（1）观察与赞美

举例说明，如果这位客户家装饰精美，房屋面积很大，家里很干净，还有一个保姆等，可以确定这位顾客是一个有钱人，渠道人员可以充分地与其沟通；如果这位客户家装饰普通，房屋又小，地面又不干净，几个子女与其住在一起，充分说明这位顾客并不是一个有钱人，渠道人员可以适当围绕重点沟通；如果这位客户房屋装饰出现诸多中国元素，文化气息浓厚，说明这位顾客是一个很有修养的人，素质较高，文化底蕴丰富，渠道人员可以与其充分的沟通。

在话题上，要注意四个字：真、问、新和神！

真："真"就是要向客户表达自己真诚的赞赏。当拜访老客户时，销售员可以这样开始自己的赞赏："张总您真是不错啊，经常介绍客户来我们这里买房。我真的非常感谢您。"

问：如果是拜访新客户，渠道人员就必须采取"问"的方式来赞赏客户。比如这样赞赏客户："哎呀，我早就听说您在汽车代理方面做得非常优秀。您是怎么做的，我想学习一下。"

新:"新"就是在拜访开始前先和客户聊聊一些新奇的新闻,以勾起客户谈话的兴趣。比如,销售员可以这样向客户打招呼:"昨天杭州刚刚出了一个大新闻,西湖隧道里有一辆汽车因为车速太快翻车了,里面一个靓女不幸牺牲了。周总,您看到这则新闻了吗?"

神:"神"指的是神秘,渠道人员可以从一个神秘的话题开始自己的话题。比如渠道人员可以这样向客户打招呼:"周总,听说春节期间扬州上空出现了UFO,这事您知道吗?"通过这样的聊天来激起客户谈话的兴趣,从而拉近自己与客户之间的心理距离。

(2)注重有效的提问

只有的确掌握了谈话目的,熟悉政府政策和竞争项目情况,交谈时才更有信心。有的时候我们对客户的兴趣爱好一无所知,只能通过不断地询问才能捕捉到客户感兴趣的话题,这里向大家介绍寻找话题的七种技巧:

仪表和服装类:"阿姨这件衣服料子真好,您是在哪里买的?"客户回答:"在东方商厦买的"。渠道人员就要立刻有反应,客户在这个地方买衣服,一定是有钱人。

老乡类:"听您口音是浙江人吧!我也是……"渠道人员不断以这种提问的方式拉近关系。

气候和季节类:"这几天热的出奇,去年的这个时候……"

家庭和子女类:"我听说您家孩子马上就大学毕业了……"

饮食和习惯类:"我发现一家口味不错的餐厅,下次咱们一起尝一尝。"

住宅和摆设类:"我觉得这里布置得特别有品位,您是搞这个专业的吗?"了解客户以前的工作性质并能确定是不是目标顾客。

兴趣和爱好类:"您的歌唱得这样好,真想和您学一学。"渠道人员可以用这种提问技巧推销公司的企业文化,加深客户的信任。"我们公司最近正在办一个老年大学,其中有唱歌这门课,不知阿姨有没有兴趣参加呢?"

(3)倾听与推介

仔细的倾听能够进一步了解客户的基本情况以及消费心理和需求,可以洞查出客户迟疑不下定金的原因。渠道人员要耐心、详细地为每一位顾客介绍公司情况、产品卖点、现场优惠政策,选择合适的切入点投其所好,引导客户的购买欲望;对迟疑的客户,不可过分强调产品,而是要以活动邀约为目的,导入售楼处,或者为下一次拜访埋下伏笔。

(4)成交达成方式

在实际拜访过程中,客户当场下定金的可能性很小,但是客户不会拒绝参加售楼处组织的活动,我们一般把"客户答应前往售楼处"认定为拜访成功,或者称为"成交达成"。为了促成成交,渠道人员可以使用如下话术:

邀请式成交:欢迎您到我们售楼处现场体验!

选择式成交:您喜欢哪一套?100平方米的还是120平方米的?

二级式成交:我们的项目是不是够吸引?不如带着您的家人一起来售楼处体验吧。

预测式成交:我们的房子一定会让您满意的,您的家人一定会喜欢的!

授权式成交:好,我现在就给您办理预约手续!

紧逼式成交：您隔壁的王总也答应去了，不如一起吧。

初次拜访的时间不宜过长，一般控制在 20 ~ 30 分钟之间。

最值得一提的是，拜访客户最忌讳的就是拜访的对象并非购买决策者，甚至与购买决策者还有内部矛盾的"客户"。拜访客户，一定要与真正的购买决策者会谈，即前面所说的"客户话语权"有多大。很多时候，渠道人员能够通过拜访前的沟通和交流，获悉拜访对象是否具备真正决策权。

但是，有时我们拜访客户时，客户会安排好几个人与我们会谈，并且我们在前期也没有打探出来究竟谁才是购买决策者，这就需要我们的拜访者凭借自身经验和直觉、加上现场灵活应变，迅速找出购买决策者，然后对症下药。

总之，有一点是非常明确的：购买决策者一般就是 1 ~ 2 个人，把握好了这 1 ~ 2 个购买决策者的内在需求，我们就可以为客户制定详细的置业计划，离成交就不远了。

[第八节] 老客户再拓展技巧

老客户的再次拓展是渠道部门的重要工作之一，尤其是对于"老带新"效果最好的豪宅项目，老客户的维护与挖掘显得更加重要。苏州"绿城桃花源"项目在2015年的营销会议上特意将老客户的再拓展工作提升到重要高度，将这一原本是客户服务部的工作转由销售部负责，并完善了考核制度。

什么是老客户？大多数人认为是已经成交客户，或者是已经缴纳定金的客户，但是绿城集团董事长宋卫平有另外一番解释：老客户资源相当于"种子"，"种子"的作用要发挥出来，就需要得到最好的维护。什么是老客户，广义上只要有一次跨进项目销售门槛的经历，我们就称之为老客户，我们就要去维护，去拜访。

1. 老客户维护的步骤

老客户维护工作主要分为三个部分（见图3-19）：基础信息管理、客户分级管理（满意度管理）和客户维护管理（价值管理）。

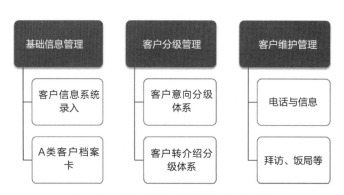

图3-19　老客户维护工作的三大部分与内容

2. 客户基础信息管理

很多一线销售人员不理解：为什么管理人员如此重视客户信息的完整性？其实，每一个信息，都有其目的性，都是我们如何进行客户服务的起源，都是我们如何进行客户再拓展的线索！

上文提到，只要是来电或来访过的客户都视为"老客户"，随着来访次数的增多，我们对客户的了解也就越深入，录入的信息应该更完整。我们的工作应该做到怎样的深度呢？表 3-7 可以帮助大家解决这个问题。

客户录入信息完整性要求 表 3-7

客户情况	录入信息完整性要求	工具
客户首次来电	客户姓名、性别、联系方式、信息获知途径、电话咨询内容及记录人姓名	客户来电登记表 客户关系管理系统
客户首次来访	客户姓名、性别、年龄、联系方式、联系地址、家庭结构、职业特征、信息获知途径、置业目的、置业需求等客户基本信息，记录信息完整性30%以上	客户来访登记表 客户关系管理系统
三次以上来访或初次登记一个月以上	除完善客户基本信息，增加客户追访原始记录外，需对客户居住状况、置业历史（购买、投资物业的历史，尤其是购买本公司物业的历史）、家庭关系、职业职位、收入情况、性格特征、兴趣爱好、意向等级、圈层属性等客户个性化信息做具体说明，确保客户关系管理系统信息完整性达到 70% 以上	客户关系管理系统 每日客户拜访记录表
业主	在客户关系管理系统中完整、准确地填入业主信息，信息完整性达到100%，并建立个性化业主档案库及业主关系网状图，增加业主贡献值（再购及推荐购买本公司产品记录），了解业主资产组成、投资渠道及投资所占资产比例等信息	客户关系管理系统 业主档案卡库 业主关系网状图

如果把信息进行分类，我们可以将业主信息分为 11 个类别，详见表 3-8。

业主信息分类 表 3-8

序号	信息类别	信息组成	营销目的
1	背景信息	姓名、性别、年龄、联系方式、籍贯、住址等	了解基本情况
2	经济特征	行业、单位、职务、个人年收入、家庭年收入、汽车拥有量及品牌、投资理财情况等	获知购买力
3	居住特征	常住小区、房型、面积等 是否为本公司老业主、购买本公司物业名称、其他不动产情况等	
4	个性特征	个人特征（身高、体重、长相等容貌外观特点）、性格特点、兴趣爱好、品牌拥护、宗教信仰等	获知接近理由
5	家庭成员	家庭结构、妻子/孩子等背景信息，家中财务掌握者、购房决策者关系等	
6	关怀关键日期	客户生日、家人生日、结婚纪念日、公司庆典等	获知服务时机
7	购房关注点	购房目的、所需房型、面积、楼层、楼栋 单价及总价区间、付款方式、付款能力、购房资格等	获知购买信号
8	成交信息	成交房号、认购日期、签约日期、成交单价及总价、付款方式、优惠情况、回款日期	获知基本情况
9	转介绍情况	客户推荐记录	获知客户忠诚度
10	活动参与情况	参加活动次数、主题	
11	跟踪信息	客户来电来访、经纪人上门拜访、活动邀约、圈层营销等记录	

3. 客户分级管理

每个客户对项目的贡献是有差异的，高价值客户提供的价值可能比小客户高几倍甚至几十倍。如果不论贡献大小都享受同样待遇会使大客户不满，而我们企业的资源是有限的，如果小客户也享受大客户的待遇，会造成企业资源的浪费。再者，销售人员的时间精力有限，无法同时对所有客户提供同一品质服务。

因此，我们要做到客户的分级管理，并且要做到不同级别的客户由不同级别的人员专门维护和管理，尽可能地把企业资源用到大客户身上。

那么，客户的级别如何判定呢？请参见表3-9。

客户级别判定方法　　　　　　　　　　　表3-9

是否业主	是否经常参加活动	三个月内是否推荐过客户	是否有推荐成功经历	是否与销售或渠道保持好的联系	级别判定
是	是	是	是/否	是	A类
是	否	否	否	否	D类
是	是	是	否	否	C类
是	否	是	否	是	B类
否	是	是	是/否	是	A类
否	否	是	是	是	A类
否	否	否	是	否	D类
否	是	是	否	否	B类

从表3-9可以看出，客户的级别与"是否业主"关系不大，主要与近期的表现，尤其是与渠道人员或销售人员的接触频率和接触深度有很大的关系，对于A类和B类客户渠道人员和销售人员一定要与之高频接触。

图3-20　老客户再拓展的8种方式

4. 客户维护与再拓展

客户维护的方式多种多样，目前很多房企停留在电话、短信、活动邀约等简单的维护动作上，要想深入挖掘老客户资源，这些动作是远远不够的，据统计，老客户的维护与再拓展至少有8种方式，如图3-20所示。

（1）电话维护频率

尽管和部分老客户很熟悉，但频繁地打电话会给他们带来很大的困扰，建议频率如表3-10

所示。

电话维护频率建议值　　　　　　　　　　表 3-10

客户类别	电话频率
A 类客户	每周 1 次
B 类客户	每月 2～3 次
C 类客户	每月 2 次
D 类客户	营销节点

（2）客户拜访频率

客户拜访工作理应常态化，对于客户重要的日子、重大节假日等均应该上门拜访，建议频率如表 3-11 所示。

客户拜访频率建议值　　　　　　　　　　表 3-11

拜访节点	内　容
端午、中秋、春节等重大节假日	所有老客户 100% 覆盖
客户生日	A 类客户上门拜访、送礼物、生日 party
业主乔迁入住	所有业主 100% 覆盖
常规	根据与客户邀约时间而定

（3）微信服务号

利用微信服务号定期对业主发放"老带新"活动通知，当然，功利性不强的信息可能更加得到客户的青睐，房企可以将微信号的功能放大，将服务嵌入移动端，让客户在潜移默化中获得感知。

（4）意见领袖活动基金

通过渠道人员或一线销售人员挖掘老业主中具有影响力的意见领袖，每月定向发放一定的活动基金，用于具有号召力的老业主邀约同事或亲友举行各种形式的聚会。

（5）为客户提供差异化服务

对于一些优质客户，渠道管理人员应该为他们定制一些差异化、个性化的服务，有的时候客户不在乎奖金的多少，而是在意开发公司对自己是否重视，这是一种潜在的荣誉，因此，我们建议对部分客户要提供三大类的额外服务：1）定制活动：如为客户准备家宴，定制私人 party 等；2）制定忠诚客户奖励计划：对于那些有突出贡献的客户，要给予免费旅游、答谢会等形式的奖励；3）客户荣誉：为优质客户定制特权卡，可以享受免费停车、免费体检等特权，还可以邀请业主加入质量监督小组，对社区事务有监督权。

老客户再拓展的直接表现是老客户的转介绍，研究调查表明：陌生拜访的成交率是 11%，转介绍的成交率是 40%。假如我们手上只有 1 个客户，从这 1 个现有客户开始，让 1 个客户介绍 2 个新客户：重复 12 次，将累计产生 8190 名新客户，连同最开始的那个客户，一共是 8191 名客户；到了第 13 轮，我们将拥有 16383 名客户；第 14 轮，32767 名客户……

老客户再拓展，是所有房企永恒的主题！

Chapter 4

第四章
房地产渠道与策划的结合

很多人将项目销售的成功简单地理解为渠道的创新,要知道,渠道做的大多是"线下"的事,没有"线上"的铺垫怎么会有"线下"的成功?

房地产白银时代,弱化策划的作用是对时代的误解,因为,策划也是一种渠道,承担着资源导客的重大责任!

[第一节]
策划部门的线下支持

随着渠道营销的盛装出场和风靡，策划部门的工作也发生了巨大的转变，在过往的工作中，策划部的工作很单一，负责推广与传播，几乎不对来访量和成交量负责，但这一切都将改变……

1. 策划部门工作内容

以渠道为战略布局的营销思想主导市场，策划的工作职能至少从三方面发生转变，如图4-1所示。

图4-1　新形势下策划部门工作的三大转变

（1）资源导客

如果说渠道部的拓客工作像"陆军"，那么策划部的拓客工作应该像"空军"，主要通过一系列手段将资源导入，因为策划部手中有大量资源，尤其是媒体、活动公司、经纪公司、商会等，以活动为载体，将资源导入售楼处，一方面可以形成一定的宣传效应，另一方面让潜在客群进入售楼处，然后由内场销售人员负责楼盘讲解。

资源导客小贴士：

苏州绿城桃花源策划部资源导客情况

位于苏州金鸡湖畔的"绿城桃花源"项目是国内知名豪宅，策划部承担着项目40%

以上的导客任务。2015年春节前夕，策划部做了如下资源导客工作：

2月6日：与苏州园区汇丰银行和环球移民合作，为20组高端客户举办机器人乐高活动。

2月7日：与精尚慧企业家俱乐部合作，为18组总经理级别的客户举办太极行禅活动。

2月8日：与复旦求是学院合作，为20组千万级投资操盘手举办投资讲座。

2月10日：举办企业家下午茶会，大约来访6～8组客户。

2月11日：徐浩然法博赛尔生物科技美容分享活动，针对上海品牌协会会员、小部分正和岛岛主及桃花源的意向客户。

2月14—15日：新年回馈暖场活动。

（2）渠道服务

渠道人员经常会有派单、驻点、巡展、团购等拓客行为，而他们不仅需要策略的支持，还需要物料、活动的配合，这就需要策划部提供技术支持了。在很多房企中，渠道部和策划部是由策划总监一力承担的，因为两个部门合作最为紧密，由一个人负责协调工作会更加顺畅。

（3）推广与传播

早在两年前，房地产全面进入买方市场，房子越来越难卖，房企对推广费用的控制越来越严格，早些年"狂轰滥炸"式的推广方式早已不复存在。互联网思维横行市场，策划人员开始谋求新的出路，"广告越做越软"已经成为重要趋势。

如无锡"协信未来城"项目，2015年3月份，项目加推新品，为了引起市场的关注，当时电影"冲上云霄"正在热映，策划人员特意邀请了6名帅小伙扮演成"机长"，游走在无锡的大街小巷，甚至一字排开坐在地铁上（见图4-2），行李箱上印有明显的案名。这一推广形式虽然成本低廉，但迎合市场、效果惊人，在广大市民对硬性广告已经非常反感的今天，他们竟然引起了大家的驻足观看，就连媒体都纷纷刊登其照片。

图4-2 "机长"一字排开坐在地铁上

2. 策划部门线下支持内容

策划部门作为战略支持机构，渠道管理人员应该懂得如何更好地与之合作，让拓客工作更加高效和顺畅，因为在具体的拓客过程中，需要策划部门支持的工作非常多，我们总

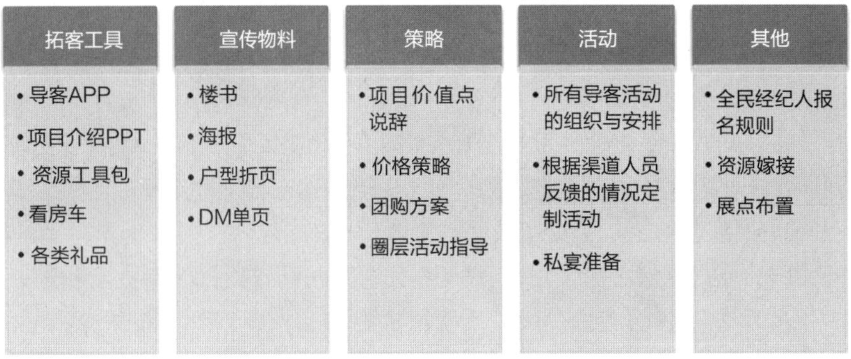

拓客工具	宣传物料	策略	活动	其他
• 导客APP • 项目介绍PPT • 资源工具包 • 看房车 • 各类礼品	• 楼书 • 海报 • 户型折页 • DM单页	• 项目价值点说辞 • 价格策略 • 团购方案 • 圈层活动指导	• 所有导客活动的组织与安排 • 根据渠道人员反馈的情况定制活动 • 私宴准备	• 全民经纪人报名规则 • 资源嫁接 • 展点布置

图4-3　策划部门对渠道人员的支持事项

结了一下，共有五大类别，如图4-3所示。

在有些房企中，策划人员的领导是双重的，编制属于渠道部，但是专业管理隶属于策划经理或策划总监，这一奇怪的管理方式是有一定道理的：渠道部员工众多，往往被分为几个、十几个甚至几十个渠道小组，他们每天拓展的方向不一样，面对的客群不一样，那么，推介物料和活动形式怎么能千篇一律呢？

如果全部由策划部统筹安排，一来人手有限不易调配，二来策划人员因没有参与拓客而不知道客户的真实需求，导致传播主题含糊不清，但如果把策划人员落到渠道部，那么就可以随时随地掌握渠道人员反馈过来的情况，并且很快地做出反应，制定相对精准的物料、策略和活动以便渠道人员快速导客。

为了保证质量，策划人员所做的物料、策划方案均由策划部负责人把关，所需费用也必须由该负责人审核，这样，不仅保障了工作效率，还维护了公司品牌形象，控制了费用，因此该管理方式被很多房企所采用。

虽然策划人员被分解到渠道部了，但策划部最重要的职能没有转变：负责项目品牌形象的输出和营销策略的实施。这些大的传播方向始终由策划负责人整盘把控，只不过策划工作会更加落地，更加体现了"为渠道服务"的核心思想。

在两个部门合作过程中，"活动的组织与安排"占到了大多数，毕竟，"客户来到售楼处的理由"就是"活动"，这部分内容我们在下两节中详细阐述。

[第二节]
标准化活动的组织与安排

活动，是拓客的主要理由，也是导客的重要载体！

营销界对活动有着不同的分类标准，按目的划分，可以分为暖场类活动和销售类活动；按客群划分，可以分为业主类活动、导引类活动、拓客类活动和节点类活动。但是在新形势下，我们习惯用简单的思维去看待活动：一切活动的目的都是导客、成交！

只不过，活动的产生，不尽相同……

按照传统的策划思维，策划人员联系好资源，绞尽脑汁撰写一份漂亮的策划案，得到领导同意之后，销售部开始邀约客户，最后销售经理汇总数据，可以估算出来人量，策划便按照这个数据开始筹备。

我们有没有想过：闭门造车的活动是客户所需要的吗？我们是不是把逻辑搞反了？难道不应该先获得客户的兴趣点然后根据需求定制一场客户喜欢的活动吗？所以，真正优秀的活动策划思路是标准化活动与定制化活动的结合，本节我们重点讲述标准化活动的组织与安排。

什么是标准化活动？策划人员在获得销售人员或渠道人员对客户喜好的反馈后，经过数据分析，发现大部分客户对某一主题感兴趣，或者策划人员经过资源嫁接，组织的较为新奇且能被大多数人所接受的活动。

标准化活动并不仅仅存在于某一时间点，而是长期存在于一个时间段且反复开展，渠道人员和销售人员可以长时间以此活动为理由邀约客户。

1. 标准化活动的主题

什么样的活动主题才能足够吸引客户呢？我们认为标准化活动主题可以从五个方面入手，如图 4-4 所示。

图4-4　标准化活动五大主题建议

（1）新奇类活动

新奇类主题活动非常容易理解，活动内容一定是客户从未见过或难得见到的，每个人都有好奇心，该类活动就是抓住了这一点，如"十二兽首"展览会、3D版"清明上河图"展示会等。

（2）高端类活动

高端活动总是可以吸引人的眼球，但是目前房地产市场上高端活动开展得过于频繁，导致很多客户对此失去了兴趣。这就要求高端活动要有主题性，更要有"噱头"，比如红酒品鉴会中一定要有名模的参与，豪车试驾会上一定要有一辆特斯拉撑场面，否则再高端的活动都无法让客户玩得尽兴。

（3）少儿类活动

对于少儿主题活动，开发商乐此不疲，因为一个孩子至少可以带来两个成年人，活动成本不是很高，而且孩子玩开心了，大人也就自然满意了。

（4）资源嫁接类活动

资源嫁接类活动其实既不属于标准化活动，也不属于定制化活动，它具有非常强烈的资源导入目的和品牌输出目的，一般在项目的重要销售节点开展。

（5）体验类活动

体验类活动一般是策划人员利用项目自身优势组织的常规性活动，如利用社区游泳池开展的少儿游泳健将培养计划，利用社区图书馆开展的读书月活动，利用社区康体中心开展的免费体检活动等。

标准化活动主题小贴士：

碧桂园某项目开盘前标准化活动主题

7月下旬—9月上旬：

  主要事件：展厅开放，正式迎客

  月活动主题：国际美食及奢侈品之夜

  每周主题：西班牙美食节、意大利美食节、巴黎美食节、德国美食节

9月中旬—9月下旬：

  主要事件：认筹启动

  月活动主题：名车名酒名茶夜

  每周主题：拉菲之夜＆法拉利、豪车节、品茗活动

10月上旬—10月下旬：

  主要事件：展示区开放、项目开盘

  月活动主题：绿洲之夜嘉年华

  每周主题：果岭周、湖野享周末、苏格兰周末、甲壳虫派对、别墅钻石夜

重要说明：每场 200 人，合计 90 场，每场费用 5000 元，合计 45 万元。

2. 标准化活动组织注意点

（1）"全日制"式活动策略

标准化活动是为"收客"服务的，渠道拓展人员每天、每周、每月都会有新客户来访，因此我们的活动策略必须是"日活动 + 周活动 + 月活动"形成"全日制"式的收客策略。

日活动：最好是定制式活动，把白天拓展的客户进行排摸和维护；

周活动：以推介会、主题活动为主，主要目的是促进成交；

月活动：以重要销售节点为契机，通过活动造势促进成交，并形成持续性的销售势头。

（2）一周活动频次及注意点

标准化活动一周至少两次，周六和周日必须要做活动。以融创为例，一周至少会做 4 场活动，其中周四和周五为普通暖场类活动，周六和周日是销售类活动，有的时候一天会有 3～4 场活动同时进行。

（3）活动执行方

很多策划人员认为活动一定要由活动公司主导，公司内部人员配合，其实这是错误的做法，一来活动公司费用过高，二来活动的目的强调"成交"，理应让渠道人员和销售人员多和客户接触，的确没有必要让第三方介入，当然，难度较高、规模较大的活动除外。

（4）严格控制"费效比"

营销高管在对活动效果的评估中，最重要的两个数据就是：单位来人成本和"费效比"。根据各大公司的经验，相对合理的单位来人成本如表 4-1 所示。

相对合理的单位来人成本　　　　　表 4-1

活动类型	单位来人成本（元/人）
重大销售节点活动	50～100
月主题活动	50～80
周主题活动	30～50
日主题活动	≤ 30

在控制费用方面，策划人员可以采取这些建议：1）经常使用的道具最好购买，如桁架、拱门、地毯等，如果某一主题活动开展频率高，相关道具最好也购买；2）礼品要集中采购，然后要自行包装；3）如果有可能，礼品可以邀请其他商家提供；4）可以多找几家活动参与方，共同分摊费用；5）借势：借别的商家的势，如果有商家在搞活动，可以与之取得联系，以提供礼品的形式参与，从而获得一定限度的推广权。

控制活动费用小贴士：

苏州"桃花源"借势请来"皇阿玛"张铁林

2015年3月6日晚，苏州"桃花源"项目联合腾讯大苏网、甲子一品文化共同举办的"丹青神韵墨舞桃源"张铁林2015年首场书法交流慈善雅集拉开帷幕。

张铁林现身千年古城苏州，与数十位苏州艺术收藏界名流企业家及各界名流雅士共聚一堂，交流书法创作与收藏心得。张铁林先生还现场泼墨，并进行慈善拍卖，部分所得用于捐献苏州慈善机构"小火柴"组织。

3月7日，张铁林驾临"桃花源"项目。他盛赞这是一个"晴风暖翠"的地方，并兴致勃勃御笔题字，为项目盛启失传231年后由中国桃源会复现的"乾隆江南宴"。

张铁林先生还接受了电视台记者采访。采访中，张铁林提到："我在设计自己家的庭院时也是参考了很多著名园林，其中很多灵感就来自苏州园林。苏州'桃花源'也是对这种精神和遗产的传承，非常有特色。就像书法艺术一样，文化传承需要后人不断继承与发扬。"

据悉，为组织此次活动，主办方合计花费约50万元，合作商家十余个，但不得不说，风头全被"桃花源"占尽，而其开发商只赞助了10万元。

3. 活动的报审与效果评估

（1）活动的报审

活动的报审实质上是一种计划管理，渠道工作繁复万千，活动量巨大，因此，完善的报审制度显得很有必要，便于管理者统筹导客工作，更加便于管理者分析库存量、导客量与活动量之间的关系，这对未来的渠道工作、销售工作具有重要的指导意义。

1）报审时间

活动计划书必须要在活动执行前两周向领导报审，也就是说，计划书内至少包含了未来两周活动铺排内容。

2）活动计划书必备信息

活动计划书必须由渠道经理、策划经理和销售经理三方合作完成，因为牵涉到的信息量非常大，毕竟，任何一个活动的组织都是为了成交。

活动计划书要包含五个方面的内容，如图4-5所示。

（2）活动的效果评估

活动效果评估报告一般在活动结束后三天内撰写完成，主要用于管理者对活动有效性的判定，以及对未来活动方向提出指导意见。

完整的活动效果评估报告应该包含四方面内容，如图4-6所示。

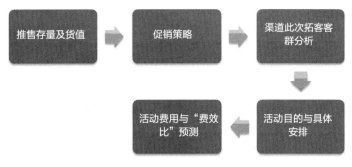

图4-5 活动计划书的五个方面内容

图4-6 活动效果评估报告的四方面内容

标准化活动创意小贴士：

1. 碧桂园·城市花园【1吨西瓜随意捞】

宣传炒作：每天1吨西瓜等你来捞，满泳池的西瓜，诱人又清凉，就看你有没有本事捞回家，捞多少就拿走多少

活动费用：1000元/天

活动效果：活动参与人数约300人

2. 碧桂园·欧洲城【爱我你就"豹豹"我】

宣传炒作：两只家养的小海豹，被包装成为"来自香港海洋世界"的动物明星，通过拓客派发"价值120元"的观赏门票，激发客户猎奇欲，清明三天制造到访上万人

活动费用：3万元

活动效果：近10000人，实现认筹约110个（三天长假）

3. 碧桂园·凤凰城【全球首家云销售中心】

宣传炒作：南京盛夏持续40摄氏度高温，高温成社会关注话题，以全球首发"云销售中心"为噱头，结合线上、线下发券等多种方式宣传，现场干冰喷雾、冰沙、冰镇冷饮、冰敷面膜等给客户服务，打造极冰世界

活动费用：34700元

活动效果：当天因活动直接到访约700人

4. 碧桂园·凤凰城【千人泼水节暨七夕"湿身"派对】

宣传炒作：千人泼水节、美女蛇现身、泰国人妖表演、情侣衫绘制、魅力DJ High翻全场、

夜晚观萤火虫、现场千份礼品派送

活动费用：30672 元

活动效果：近 1000 人到访

5. 碧桂园·城市花园【致青春系列活动】

宣传炒作：4 月底《致我们终将逝去的青春》电影热映，社会怀旧热潮不断，通过组织五一期间"老朋友遇到新邻居"怀旧活动深入邀约客户，并进入影院以派活动票、还原电影场景观影活动等形式邀约客户到访，形成社会热议焦点

活动费用：5 万元

活动效果：到访 1230 人

6. 碧桂园·城市花园【智勇大冲关】

宣传炒作：通过报纸、网络、自媒体告知南京市民，碧桂园城市花园泳池夏季免费开放，通过夏季泳池 party 丰富的活动内容吸引大批客户到场。炒作以下几个概念："南京最火爆的泳池"、"每个南京人都抢着来玩泳池"、"南京消暑最佳去处"

活动费用：16500 元

活动效果：共邀约 860 人参与本次活动，其中认筹 21 组，有效地吸引客户到现场，每天晚上售楼处都人山人海，现场人气爆棚

[第三节] 定制化活动的组织与安排

什么是定制化活动？上一节我们提到，根据客户的需求组织的活动就可以认定为定制化活动。定制化活动是专门为某一个团体准备的，有助于拉近与拓展目标的距离，体现开发商细腻、周到、用心的人文关怀。

与标准化活动不同，定制化活动是先有客户，再有活动，先有需求，再有实现，是一种更加贴近客户的活动策划思想，对当下渠道营销的效果起到推波助澜作用。

定制化活动应该如何操作呢？大部分操作环节与标准化活动无异，只是有一些细节需要更加注意，本节将详细阐述。

1. 定制化活动的组织流程

既然是定制化活动，那么在组织的整个过程都应该突出"以客户为中心"的核心思想，说白了，就是一个提供优质服务的过程。为了更好地为客户服务，我们建议定制化活动的组织流程，如图 4-7 所示。

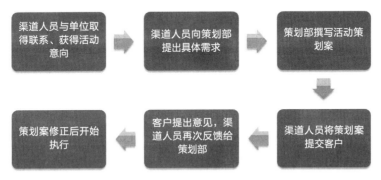

图4-7 定制化活动的组织流程

2. 定制化活动的组织要点

（1）定制化活动的主题

虽然定制化活动主题由渠道人员和单位共同协商制定，但有时单位也一头雾水，不知道自己的员工喜欢什么样的活动，为此，策划部可以为单位设计几个活动套餐，然后单位负责人再与员工商议,确定最终的活动主题。

定制化活动主题一共有八大类,如图4-8所示。

图4-8 定制化活动的八大类别

(2)活动要超出客户预期

人们习惯将定制的东西定位为"高档",对活动也一样,因此策划人员一定要丰富活动内容、提升活动调性,努力做到超出客户预期。

如一场简单的观影活动,很多策划人员只是与电影院洽谈包场,然后邀请客户来看电影了事,客户看了电影之后只是觉得"好看"而已,对主办方的"良苦用心"根本无暇领会。绿城的观影活动是这样做的:客户进入电影院之前,在一台机器前通过微信上传自己的照片,可以免费获取一张带有项目二维码的照片;电影开始前,客户先观看5分钟左右的宣传片以及团购方式;电影结束之后,主持人与观众一起互动抽奖,奖品是价值168元的红酒一瓶;客户离开电影院之后还可以获得某影片的吉祥物一件。通过这种方式不断地增强客户对项目的记忆,而且又不会让客户心生厌烦。

(3)强调活动的排他性

既然是"定制",那么就有很强的排他性,策划人员千万不要为节省活动费用而邀请第三方参加,否则对方会因为没有得到足够的尊重而对开发商心存芥蒂,这会导致我们失去渠道人员辛辛苦苦拓展来的客户,之前所做的一切工作付之一炬。

(4)利用氛围促进成交

定制化活动的参与人数并不会太多,建议配合标准化活动一起开展,因为标准化活动可以导入大量的客户,渠道人员和销售人员可以利用现场火爆的销售氛围"逼定"客户,这就是很多开发商一天内同时做几场活动的原因。

(5)要有后期跟踪行动方案

活动结束之后,渠道人员至少得到了三样珍贵的东西:单位所有员工的好感、联系方式以及他们的真实购房需求。如果幻想单位员工主动联系你,这肯定是不可能的事,所以做好活动后的跟踪工作显得尤为重要，所有人员都要树立一个理念：活动是服务的开始！

我们认为至少有三类工作是渠道人员必须要做的：1）以调查活动满意度为由，致电所有员工，询问他们的购房意向；2）继续与单位领导或"关键人物"保持良好的关系，适时提出进驻单位推广、宣讲团购的设想，并且提出具体的团购方案；3）如果首次活动还没有达到想象中的深度，可以提出继续开展第二次活动。

不管是标准化活动还是定制化活动，创意都是很重要的，在活动"满天飞"的今天，唯有那些有创意的活动才能得到客户的青睐，要知道，每逢周末，每一个城市里，每一个售楼处都在搞活动，几十场甚至上百场活动等待客户驾临，客户凭什么去你那里？这是策划人员必须要解决的问题。

[第四节]
"网络渠道"的巧妙运用

"网络渠道"指的是运用互联网工具打通"线上"渠道,从而实现网上信息传递、网上谈判、网上交易的整个过程。

互联网思维横行当今社会,尤其是移动客户端的普遍运用,改变了中国营销格局,越来越多的开发商将互联网作为重要的渠道拓展工具。

移动客户端已经成为一种时尚、一件营销利器,关于它的运用可谓"百家争鸣",我们在第五节再做介绍,本节重点讲述的是除移动客户端之外的互联网工具。

1. "网络渠道"的类别

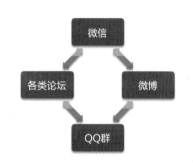

图4-9 渠道人员惯用的四种网络拓展工具

在很多人看来,提供互联网做推广肯定是技术活儿,应该由策划人员完成,这话说对了一半,网络推广工作肯定有一定的含金量,但这并不全是策划人员的事,因为渠道人员有义务通过多个方面拓展客户,网络也包含在内,因为有些网络推广工作我们都可以做,下面我们就介绍四种渠道人员常用的网络渠道拓展工具(见图4-9)。

看上去很简单的交流工具,只要好好利用,均有可能发挥奇效。

(1) QQ群拓展

每一个QQ群都是一个圈层,加入了QQ群就等于融入了圈层,渠道人员可以挑选一些当地知名的大型QQ群申请加入,加入之后千万不要立即发送产品信息,而是要和群友们打成一片,尽可能多地参与网友自行发起的活动,将"线上"交流转为"线下"互动。除了每个城市的知名QQ群,千万不可忽视"老乡群",如"东北人在无锡"、"河南人在扬州"之类的群,因为他们买房时都很团结,拓展效果奇佳!

(2) 各类论坛拓展

各大论坛是广大网民获取信息、交友沟通的重要途径,尤其是各城市的门户网站,阅读量非常大,如果在这些论坛上发表一些项目软文势必能够得到网民的关注,当然,这些软文必须由策划部提供。值得一提的是,在论坛上切忌发布硬性广告,更不得发布虚假信息,否则会引起网民的反感。

如果你销售的是投资型产品,需要到附近的城市拓展,那么到目标城市的门户网站上逛逛也是不错的选择。

除此之外,二手房交易网站(包括 58 同城、赶集网这样的分类信息网站)也要引起重视,因为上面有大量的房屋求购信息,渠道人员可以在上面寻找到买房者的联系方式。

（3）微博推广

微博的力量虽然在逐渐减弱,但是市面上却出现了很多成功的推广案例。如合肥万科于 2013 年 6 月份在其官方微博上发布了一段创意动画片,片名为《包大人买房记》,故事大概是这样的:很久很久以前,包大人还在老家合肥的时候,他遇到了生命中最大的麻烦——他想结婚,丈母娘却不同意! 铁面无私的包大人也遭遇了买房难题,夜不能寐,在这个时候,展昭、公孙先生、王朝马汉等纷纷献策……

这段视频不仅在网站上疯传开来,万科还把它在合肥市区 LED 大屏上循环播放,周末还在电影院里上映……这次万科又赢得了满堂彩,他们通过微博、视频的影响力,将一个区域性事件广而告之,如此创新营销手段让人眼前一亮。

2. 精彩纷呈的"网络渠道"创意

与数万亿的房地产市场体量相比,房地产互联网产品的量仍然只是九牛一毛,但这似乎无法阻止行业大佬们的积极布局卡位。据不完全统计,在过去一年时间内,万科已经先后与搜房、淘宝、百度、微信、平安等公司合作推出了五六种涉互联网产品。虽然多处于试探阶段,但其标志性意义颇为显著。

（1）淘宝网上的"渠道"

在淘宝上拓客已经不是什么新闻,但大多都是昙花一现,主要原因是开发商只是将淘宝网作为普通的网络渠道而已,并没有投入太多,再者,购房手法缺乏创意。

碧桂园在 2014 年 12 月 12 日将售楼部直接搬上了淘宝网。目前,碧桂园已有兰州碧桂园、南京碧桂园凤凰城、东北区域三盘（碧桂园银河城、沈阳碧桂园凤凰城、沈阳碧桂园太阳城）进驻淘宝,诸如碧桂园东北区域,开设"东北碧桂园购房中心"淘宝店,区域 3 个楼盘的所有房源均在网上销售。

考虑到房源属于高价位的大宗交易,全额在线交易实施起来有一定难度。碧桂园将线上交易和线下交易结合起来,推出了"双十二"特价房源的优惠资格秒杀活动。购房者线上低价抢得优惠资格后,便可获得特价房的优惠。以南京项目为例,六套一口价的特价房源,最低 5 折起,双十二期间,消费者只需要 12.12 元就能获得购买特价房的资格。所有房源抢完为止,没有抢到的用户,会优先安排下次特价房源的抢购。

2015 年 3 月,孔雀城、卓达、碧桂园、金地、亿达等知名地产集团携手淘宝网推出了"2015 全球首届拍卖会"活动（见图 4-10）,房源来自国内各大城市,甚至还有美洲、澳洲和欧洲的房子,1000 套房源 5 折起售,有意向拍卖的客户只要缴纳 1000 元保证金就可以参与。

图4-10　各大公司与淘宝网开展的房产拍卖会活动

（2）牵手京东："京豆抵房款"

2014年12月18日，碧桂园与京东合作推出"京豆抵房款"活动。京东会员除可以享受线下优惠外，还可用"京豆"享受额外优惠，用户只要在京东聚合页面点击碧桂园旗下楼盘，便可跳到楼盘专题页面，再点击"京豆"兑换页面，用户便可以用一定数量的"京豆"，兑换相应的房款抵扣券。兑换成功后，京东会将房款抵扣码以短信形式发送至用户手机并发送京东站内信，用户凭此去线下购房时实现抵扣。

这次房产与互联网联合的活动其实是一种渠道导客的大策划活动，据京东某高官透露，京东商城总体注册用户数量上亿，其中活跃用户在5000万以上，这一活动等于导入了5000万用户，值得业内借鉴。

（3）卖房子也玩众筹

2014年"双11"期间，搜房网首届房地产"双11"购房节在全国近百个城市展开，"房地产+互联网+金融"的房产众筹在全国遍地开花，房产众筹正式大规模进入购房者视野。12月1日，"双11"过后的北京首个房产众筹项目——碧桂园九龙湾5折众筹盛大开启。

碧桂园九龙湾此次推出参与众筹的房源为57.88平方米的精装洋房，市场价为40.1038万元。12月1日，活动开始接受线上预报名，众筹目标为20万元，众筹基数为1000元。12月5日，众筹正式开始，10:00到18:00接受北京新用户报名，21:00以后接受全国用户报名。

众筹目标达成后，12月13日，参与众筹的特价房在售楼处进行竞拍，起拍价为22万元，封顶价为32万元（8折）。如果房子以8折拍出，那么拍到特价房的购房者将节省8万元的购房款，所有众筹人将分别获得高达51%（未扣除税费）的收益。

由于这一活动的简单快捷和多方共赢的特性，一直备受房企和购房者的欢迎。苏州万科、重庆联发、天津美克、东莞新世纪、常州新城等各地名盘纷纷加入其中，购房者热情高涨，众筹屡屡创造"秒光"盛况，2014年10月份鸿坤"理想湾"项目众筹更是以79秒的速度完成众筹目标。

"网络渠道"在房地产市场的运用才刚刚开始，在不久的将来，更多优秀的跨界营销模式会孕育而生，渠道人员应该审时度势，联动策划人员一起，充分利用网络资源，开创网络渠道新模式！

[第五节]
"移动端渠道"的巧妙运用

最早扛起"互联网"大旗的万科已经忙活两年了,自2014年初郁亮带着管理团队到小米、阿里、腾讯等互联网领先企业拜访与学习,到下半年频繁推出与互联网合作产品,虽然每个产品都处于试探阶段,但其炫目程度足以称冠整个行业。

随后,移动互联网走进了众多开发商的视野,被策划人玩得风生水起,各种创意精彩纷呈,微楼书、带客通、云商系统、游戏、抽奖等多种功能嵌入其中,让客户爱不释手,销售、渠道、策划等多个工种均把移动客户端作为重点研究对象,这充分说明移动端渠道的拓展势在必行,策划和渠道人员必须深谙此道,才能在线上拓展更多的客户。

1."移动端渠道"的普通运用

2014年9月,一篇题为《完全靠朋友圈,房产牛人通过微信卖房1000多万》的文章在微信朋友圈内遭到疯狂转发,讲述的是碧桂园某项目的销售人员吴某通过微信卖房子的故事,文中他介绍了几种技巧:

(1)传统方式平均每天一条"卖房微信"

早在2012年底,吴某就开了自己的微信朋友圈,但真正开始微信卖房是从2014年初开始。"今年年初,公司要求每个人都进行微信营销,项目重大利好必须转发,从销售员到策划人员,往往一条微信能转发300~400次。"吴某笑言,他和他的同事们总是会互相"刷屏"。

吴某计算了一下,去年一共发了300多条微信,其中200多条是转发项目活动和利好消息的,100多条是关于自己对项目的解读和分析的,可以说所有的微信内容都离不开工作,跟卖房有关的工作微信平均每天一条。

(2)"点赞"是最柔和的拓客

吴某和同事们一边在朋友圈里互相"刷屏",一边也会在微信中加一些客户,渐渐地他发现,微信成为他和客户之间最柔和的拓客方式:"以前跟客户保持联络,经常要打电话或者发短信,可是这在没有特别事情的情况下,打电话、发短信又会显得太过突兀。"

有了微信之后,吴某和客户会相互点赞:"我发个房源利好,就会有回复或者点赞,有时候我看见客户发自己出去旅行或者宝宝的照片,我也会点赞"。他发现,客户最关心的就是关于交通利好方面的信息:"只要我一发相关的内容,立刻有客户一大堆的回复和提问,有时候还直接微信信息问我。一来二去,关系也就拉近了,卖房也就更容易"。

吴某说，他的微信客户中，囊括了 20 ~ 40 岁的买房人："最活跃的其实是 30 多岁的购房者，他们对有关项目增值和地铁方面的信息特别关注，互动也多，买的房子面积也大"。相反，最活跃的 20 多岁的购房者则比较淡定："他们通常觉得房子外立面好看，品牌好环境好就买了，买完之后也不大关心，很少再对项目信息有更多关注"。

（3）客户不到场，传图来卖房

有一位来自盐城的客户，在别人的介绍之下，主动在微信上加了吴某，因为不是本地人，客户让他把资料、户型图、样板房都拍了照片给他，吴某还进入工地和小区拍视频传给他，让他能够不来现场也能看到房子。

三天之后，客户决定购买一套 120 平方米价值 70 万元的房子，并把钱直接汇给了吴某，直到签署商品房买卖合同时，客户才第一次来到现场。而且像这样的客户还不止一个，有的客户身在广东和香港，甚至是美国，他们都是通过微信联络购房的。

据统计，今年完全依靠微信朋友圈卖出的房子就有 4 套，总价值超过 300 万元，如果算上依靠微信挖掘出来的客户，签约量至少超过 1000 万元。

2. 销售阶段移动端的运用

销售人员和渠道人员对于移动端的应用分为售前、售中和售后三个阶段，如图 4-11 所示。

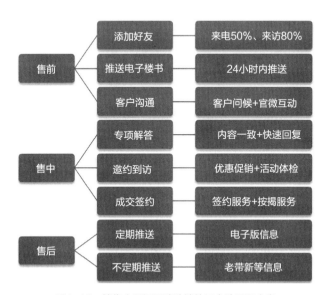

图 4-11　销售人员运用移动端的三大阶段和内容

移动端营销第一步是吸引粉丝。图 4-11 中提到"来电 50%、来访 80%"指的是来电客户中至少 50% 的人，来访客户中至少 80% 的人都加了官方微信或私人微信，这一点可以当作是硬性指标，管理人员可以根据这两个数据进行考核。

在推广官方微信方面,开发商可以充分利用项目本身的围挡、楼盘墙面以及各式印刷品,将该项目的二维码印刷在各个地方。客户无论是开车走路经过项目围挡,还是致电售楼处,都可以通过扫一扫获得楼盘精美的微官网,或可以通过致电后的挂机短信获得访问链接,随时随地了解项目动态、实景、微博,甚至可以在手机上直接预定户型和领取购房优惠券。

而渠道人员和销售人员则要充分把握住与客户每一次沟通机会,争取将客户发展为自己的微信好友。销售人员在客户初次联系销售电话之后,马上给客户发送确认短信,随后通过电话号码添加对方为联系人,之后再发送微信好友申请。初次添加好友被拒绝后,销售人员在三天之内两次打电话给客户,并最终劝服客户通过其微信好友申请。添加好友后,销售人员即通过微信发送楼盘沙盘、区位图、户型图等资料,如果图片不够的话,还可以通过语音功能配合讲解。

3. "移动端渠道"精彩案例

(1)定制微信游戏引爆"病毒营销"

广厦集团于2014年4月份推出的"杭州国际登山节"登山送房微信活动无疑是该年度房地产企业品牌推广的一个典型案例。

广厦集团与国内最大的微信营销服务商"微信生意宝"合作,定制微信报名入口,将登山节活动用微信游戏的方式呈现,参与者填写姓名电话即可生成专属活动页面,将该页面分享给朋友,只要朋友参与即可增加参与者的助力数,该助力数决定了抽奖的资格,并且助力数最多的50人将在页面上呈现,旁边就是参与者的助力数以及好友助力名单。丰厚的奖品加上有趣的游戏,使得该活动在微信朋友圈引起"病毒传播",这个活动推出仅15天时间,就有超过100万人参与,达到500万次品牌传播效果,助力数第一的参与者成功邀请了1000余好友参与了活动。

为了让活动更加夺人眼球,广厦控股集团董事局主席特别捐赠了一套广厦天都城198平方米的"锦上豪庭"平层大宅,作为此次活动的终极大奖(见图4-12)。同时,在微信和网络报名的各个环节,还设置了价值超80万元的各种奖品。

图4-12 "杭州国际登山节"登山送房微信活动

（2）"微游戏"兜售参与感，顺便植入广告

2014年最后一个季度，碧桂园创新性地进行微信游戏营销，兜售用户参与感。开发商联同微信公司先后推了两款游戏："疯狂打南瓜"和"圣诞摇钱树"，极大程度地吸纳用户、与用户实现互动，兜售参与感，最后水到渠成地实现销售。

碧桂园"疯狂打南瓜"游戏推出仅一小时，就吸引了近万人参与，短短几日内，访问人次达到了十几万，引发全民游戏热潮。"疯狂打南瓜"游戏是碧桂园为帮扶湖南岳阳滞销瓜农而发起的南瓜大行动的线上活动，故事背景本身就极具话题性，参与性高，而游戏设置的抽奖环节将购房券、酒店体验券等营销元素植入其中，间接带动销售（见图4-13）。

圣诞节前夕推出的微信游戏"圣诞摇钱树"，几天之内参与人数接近百万。而碧桂园将旗下酒店、商管、旅游、家居公司等资源植入，对营销的促进作用更大。

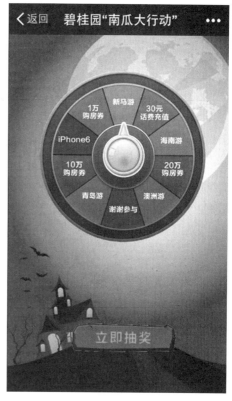

图4-13 碧桂园"南瓜大行动"抽奖活动

（3）微信购房节

微信公众号"地产领袖俱乐部"里讲述了这样一个精彩的案例：

早在2013年12月的时候，杭州万科曾经通过"微信支付1元，可以抵1000元的认筹款"这一手段，打造地产首个"微认筹"概念。作为地产界首个在微信上将销售与服务打通的营销活动成功案例，在业内引发热议。

2014年春天，青岛万科在微信营销上再行创举，以全国首个"微信购房节"的形式，联动14个项目，操作了贯穿整个3月份的系列营销活动。据统计，本次微信购房节活动微信网站总访问量是38536次，共计1183人参与认筹活动，最终428人成功购买1元优惠。

以青岛小镇（别墅项目）为例，线上成功购买1元优惠认筹116人，线下实际认筹成功99组。根据粗略计算，青岛小镇产品的单套价格约在200～300万元之间，如果合理转化，最终销售额可能高达2亿元。

那么，青岛万科是如何做到这一点的呢？

1）良好的公共账号运营

从宏观上看，首先得力于青岛万科长期以来对于这次营销的基础工具——微信公共账号的精心运营：长期保持每个推送的内容都制作精良，内容或幽默风趣，或温情体贴。用

一个简单的推送账号充分体现了产品服务化的思维方式。互动性和趣味性的内容造成了极高的用户黏度，引发二次传播可能性极大，在潜移默化中吸引了大批拥趸，成为有效传播的基础。

2）科学合理的活动规划

青岛万科以3月3日为第一个节点，提出"青岛首届微信购房节"的概念。前期通过微信创意内容预热，活动后续的热度可以直接延续到三八妇女节，随后秒杀活动开放，再利用3月14日"白色情人节"概念的炒作，环环相扣，用密集的信息不断强化"微信购房节"概念，但在形式上不断推陈出新（见图4-14）。

图4-14　"微信购房节"活动内容

3）强有力的执行

从落地执行的角度，青岛万科这次动作的手笔之大值得一提。青岛万科在当地一共有18个项目，而参与这次购房节活动的则达到了14个之多，14个项目的同步微信营销，堪称是史上首例。

万科对"××节"、"限时"、"秒杀"等热门电商营销概念的大胆借鉴，让习惯网购的人群在熟悉的应用场景中产生自然互动，可以说，万科向"微信上买房子"的构想又走出坚实的一步。

4）互联网时代的"微"生活

毕竟这是一个互联网的时代，一切商业活动都在向着互联网的方向靠拢，产品在变得轻量，价格在变得惹眼，渠道在变得广泛而透明，促销形式更是极大地丰富，传统的4P概念在不断地受到互联网思维的刷新。从"微楼书"、"微看房"乃至"微认筹"，可以想象在不久的未来，安全快捷的"微购房"也能代替冗杂的传统交易方式，成为主流的支付手段；购买了房子之后"微物业"可以帮助我们掌上支付物业费用、水电费用等，"微生活"则可以让我们足不出户享受小区周边的生活服务，例如餐饮、快递、洗车、观影、KTV等，如果能做到如此完备的互联社区化整体服务，想必这样的楼盘项目足以让每一个购房者心动。

[第六节]
策划"策"出来的渠道

本章开篇我们说到,策划也是一种渠道,承担着资源导客的重大责任。优秀的策划管理者善于整合资源,利用别人的优势为自己服务,要么不导客,要么就会导入数量巨大的客户。每一位策划人员应该树立为项目导客的核心工作思想,每一位渠道人员应该学会如何像策划人员一样带着"策略思想"去拓客。

那么,资源在哪里?我们应该如何整合资源?本节我们就来介绍一下。

1. 资源的来源

什么样的资源可以被策划所用?原则上来讲,只要是对项目推广有帮助,可以将客户导入售楼处的资源都应该认真谋划并加以利用。策划部的资源可以分为五类,如图4-15所示。

图4-15 策划部的五类资源

(1)公司资源

一般大型开发商都会有很珍贵的资源:老客户、合作单位、政府关系等,如果是综合性大型企业资源就更多了,由于涉及各类产业,可挖掘的资源更多。如招商局集团,旗下包含招商地产、招商银行、招商证券等20家上市公司,这些大型企业跨界营销、资源共享的案例不胜枚举。

(2)媒体资源

媒体经常会应政府、机构或其他商家的要求策划一系列活动,他们经常会有招商的需求,这个时候策划人员介入往往可以起到"四两拨千斤"的效果。如本书提到的"苏州'桃花源'借势请来'皇阿玛'张铁林"这个案例,"桃花源"策划人员正是借媒体之势,成为此次活动的最大赢家。

（3）政府资源

政府为了拉动区域经济发展或推行某一种产业，经常会联合多个部门和媒体举办一系列活动，各类论坛、招商会等都会让客商云集，此时的介入也可以达到推广和导客目的。

（4）商家资源

商家资源是很庞大的，很多商家在推广项目、回馈客户等节点都会有招商需求，策划部可以多种方式介入，如提供礼品、提供场地、提供专家等。如融创的策划人员和渠道人员就有着敏锐的"嗅觉"，他们每天早上上班的第一件事就是翻阅各大报纸，看看近期有哪些商家有哪些活动要举办，一旦获取信息，他们就会立即跟进，如某培训机构举办的留学咨询会、某珠宝商举办的相亲会、某 4S 店举办的新车发布会等，均可以进行联合推广。而对于开发商来说，只要肯将客户导入，在控制成本的前提下，可以适度考虑对方的要求。

2. 资源导客技巧

这是一个资源共享的时代，任何一个有远见的商家都有善于利用资源的能力，对于我们的策划人员和渠道人员来说，也要学会这种技能。

（1）资源导客前准备工作

我们认为，在资源导客之前至少要回答三个问题，如图 4-16 所示。

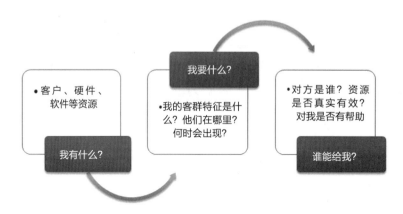

图4-16　资源导客之前要回答的三个问题

1）我有什么？

既然是资源整合，那么就存在交换；既然是交换，就得首先明白"我有什么"。一般国内知名的开发商自身资源非常丰富，如高端客户就是最核心的资源，此外在硬件方面，如社区会所、游泳池、酒店、医院等都可以拿出来交换；还有的软件资源也很珍贵，如公司制作的手机客户端、公司的客户管理系统等。

在进行资源整合之前，策划人员一定要与公司领导达成一致，将公司的部分资源拿出来交换，得到认可后，策划人员要制作资源清单，并且通过一定的形式呈现出来。

2）我要什么？

不是所有的客群都适合你的项目，不是所有的资源都必须要导入，这与你的项目定位密切相关。明白"我要什么"其实就是明白客群定位，他们是谁？他们在哪里？通过什么方式可以找到他们？

3）谁能给我？

在我们日常工作过程中发现，有很多资源并没有当初对方描述得那么好，花费人力物力财力的活动效果非常差，这就是策划对资源准确性把握的失准。策划人员在引进资源时，一定要做好背景调查，尤其对于客群数量、客群结构、活动规模等重要信息多加考察。

（2）资源导客的技巧

资源导客最重要的是"共赢"，正如本书前文说到的星河湾一样，组织的"世界级奢华体验之旅"活动，三家汽车销售公司成交额高达 1331 万元。有了这样成功的经历，以后类似的活动还怕没有商家吗？

除了共赢思想外，还有两个小技巧需要我们注意，如图 4-17 所示。

1）参与方式要"主宾分明"

除了一些重大节点性活动外，其他的资源导入型活动最好不要做主办方，因为主办方意味着更多的责任、更多的成本投入，策划人员在这个时候要"礼让三分"，把重要的位置留给别人。

2）操作过程要"反客为主"

图4-17　资源导客的两个技巧

在实际操作过程中，一定要争取更多的"触点"，如场地最好安排在售楼处或样板区，如果做不到，可以在活动现场设置展位，给现场来宾的礼品一定是最精美的，且一定要让客户带走和珍藏。对于导入的客户一定要设专人维护，制定后期跟踪行动方案，适时提出进驻或团购要求。

资源导客小贴士：

招商地产"策"出来的 30 亿元

2014 年 11 月 21 日下午，招商银行与招商地产战略合作方案报告会暨战略合作协议签约仪式在深圳蛇口招银大学举行。

2014 年，招商地产已成立 30 周年，且实现成功上市 21 周年，铸就了强大的综合实力、抗风险能力，遍布全国 30 个重点城市，物业服务 10 万余户，客户资源非常丰富。

同为招商系核心业务的招商银行，截至 2013 年末，在中国大陆的 110 余个城市设有

99 家分行及 934 家支行，信用卡持卡人数 2300 万人，拥有庞大的客户基础、广为人知的品牌、品种繁多的产品和优质的服务。

他们此次合作中，最惹人关注的是"招商银行积分抵房款"活动：招商银行信用卡客户可以用 1000 积分兑换招商地产 10000 元购房抵用券，直接抵购房款，适用于招商地产全国 24 个城市的 47 个楼盘。

1000 积分？！在肯德基等餐饮合作方只能当 33.3 元购买一个单人套餐，在招商地产的楼盘里却值 10000 元，让潜在购房者不禁为之一振，而"吃货"们只能"说多了都是泪"。

这场招商系内部跨产业合作使招商地产、招商银行和消费者实现三方共赢。

明源研究院主编潘勇堂先生这样评价：

好的跨界一定是双赢的，积分兑换，由于时间限定，直接诱发了招商银行信用卡客户的"刷卡"金额。二则消费者可以得到"实实在在"的优惠，会加速加量推动信用卡的刷卡额。三则对于招商地产而言，整个楼市虽然有降息，诸多城市取消限购，但销售去化速度依旧不容乐观，大多数房企都在走起"以价换量"的策略，但核心是如何降价，既要降的让客户有感觉有冲动，又千万不要诱发老客户的集体投诉而一发不可收拾。招商地产以信用卡积分兑换购房券的做法就显的巧妙降价，棋高一招。

据招商地产内部人士透露，活动刚过半程，在所参加活动的项目中，实际利用积分购房成交的就突破 30 亿元，且保持强劲的增长态势。

Chapter 5

第五章
渠道的过程管控
与结果管控

　　很多人认为，渠道归根结底是销售，业绩是他们绩效考核的唯一标准！没错，但是经验告诉我们：凡是仅以结果为考核依据的团队都是不成功的。

　　因为，考核的目的不是淘汰，而是更多地促进成交！渠道团队的管控重点和难点在过程，也是渠道内功修炼的重要体现，不懂过程管理是做不好渠道的。

[第一节]
渠道人员的日常行为制度

渠道人员归根结底是销售人员，如果加个形容词就是：狼性十足的销售人员。因此很多管理人员认为，每个案场那本厚厚的"案场管理制度"应该也适用于渠道人员，我们认为不然，渠道人员的工作有着很强的自由性，如果内场是"正规军"的话，那么渠道团队则是"野战队"，作战方式不同的部队怎么适用于同一套管理制度呢？而且，渠道多为行销，对于他们的管理方式应该更加灵活才对。

那么，对于渠道人员的日常行为管理，我们应该注意哪些方面呢？

1. 考勤制度

渠道人员的工作时间有着很强的灵活性，不可能像内场人员那么有规律，尤其是夜间拓客人员，他们的上班与下班时间应该更加人性化。

（1）对于正常的作息时间，我们的建议是：

上班时间：8:30—9:00，下班时间：5:30—6:00，一律指纹打卡。

（2）对于夜间拓客人员，上班时间可以后延 30 ~ 60 分钟。

（3）不管拓客人员到多远的地方拓客，晚上 5 点之前必须到达售楼处参加业务总结会，特殊情况必须得到主管的同意。

（4）早会时间定在上班后半小时内较好，不要影响渠道人员外出拜访客户。

2. 会议制度

与正常的销售会议一样，渠道部门也设置了"早晚会"制度，只不过会议内容有很大的区别，每次早晚会之前，渠道人员至少要准备如图 5-1 所示的资料。

早晚会准备的资料与"资料上报与归档"制度密切相关，渠道人员每天会接触到大量客群，获得重要的客户资料，对于一些持续跟踪的客户，还会获取客户的最新动态，如果没有良好的资料上报与更新制度显然是无法满足管理的需要的，图 5-1 中所列情况即为每日、每周需要报给渠道秘书的资料，渠道秘书再经过整理和汇总上报渠道总监。

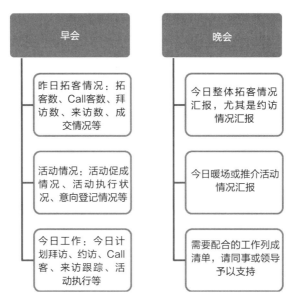

图5-1 渠道早晚会需要准备的资料和数据

3. 礼仪制度

渠道人员虽然是"野战军",但毕竟也是服务行业,是与客户零距离接触的人,代表了公司与项目形象,所以适当的礼仪培训是必要的。

(1)关于服装

所有人员必须穿正装,佩戴公司统一制作的工作牌;在炎热的夏季,可以不戴领带,但是必须着正装,身上衣服的颜色不超过三种。

(2)关于拜会客户

在你决定去客户家里拜访的时候,一定要提前打电话预约,在得到客户同意之后,才能按照约定的时间去拜访,而且约定的时间一定是客户没有安排其他事情又不妨碍休息的时候。

去客户家拜访走到门口时一定要礼貌的轻轻敲门或者间断性的按下门铃,然后等待客户前来开门,得到客户邀请后方可入户。如果去拜访的客户大门是全开的或者开着的,也要在门口询问后才可进入。

初次去拜访的客户最好是带一点符合客户家里年龄阶段的小礼品。

得到客户许可进屋后,如果是地毯地板一定要礼貌地换下拖鞋,然后和客户问候行见面礼仪,按照长辈到晚辈的顺序一一问候家里的人员。

入座之前要脱下外衣和帽子,一定不要乱扔乱放,避免引起客户及家人的反感。

在得到客户让座的时候才能坐下,不可随便就座,要坐得标准礼貌,在和客人聊天谈话时,姿势要端正自然,一定要注意语速和声音大小,在客户家未经主人允许不能胡乱走动,不能翻看摆弄任何摆放的物品和东西。

初次拜访客户要掌握时间观念，最好 30 分钟，以免影响客户休息。

4. 后勤保障制度

渠道人员是密切接触客户的群体，在很多情况下会遇到业务招待、外出交通等问题，一旦公司处理不好，会引起渠道人员的不满，我们的建议是这样的：

（1）业务招待：如果渠道人员必须要宴请，最好由公司统一安排到固定的地点，如果能请到样板房参加私宴活动更佳。如果非要到别的地方宴请，渠道人员需要提前向主管领导提出申请，来不及的情况下必须电话请示，另外根据不同的级别要设置不同的宴请标准。

在日常拓客过程中，渠道人员还会遇到香烟、酒水等的使用，建议采取"定额申领"的办法来解决，如每一个拓展小组每月定额为 10 包香烟、20 瓶酒水，超出部分必须向主管说明原因，否则一律从佣金中扣除。

（2）交通保障：渠道人员外出拓客离不开交通工具，但是渠道人员数量众多，公司的资源又很有限，如何解决这些问题呢？

对于有车的员工，要给予相应的车辆补助；对于无车的员工，尽量用看房车满足；如果看房车调动困难，要鼓励员工乘坐公交车，公司应该按实报销。

在实际工作过程中，渠道人员为了将客户快速导入售楼处，必须乘坐出租车，只要事先与主管领导电话沟通即可，不要因小失大。

渠道的日常管理重点突出两个字"灵活"，非常考虑管理者的领导艺术，该制度牵涉面较广，内容繁杂，本节只是针对不同于内场制度的部分进行详细阐述。

[第二节]
渠道的过程管理要点

可以这么说：渠道管理，忽视过程管控，到头一场空！这不是耸人听闻，问题的症结在于渠道的成交周期过长。

我们可以粗略地估算一下：渠道人员邀约客户到访至少需要 1～2 周时间，客户到访后如果客户由渠道人员自行接待并成交，从来访到实现成交至少又需要两周时间，也就是说从邀约到成交一般的渠道人员需要 3～4 周时间，如果渠道管理只是简单粗暴地到月底看"成交数字"，那么最终的结果必定很"惨烈"！而内场销售人员接待的是自然来访客户，这部分客户本身的购房意愿比拓展来的客户要强烈，而且销售人员在谈判技巧方面会比渠道人员成熟，成交时间往往会比渠道人员缩短一半。因此，渠道的过程管控直接影响到最终结果，渠道管理人员万万不可忽视。

那么，过程管控具体有哪些内容呢？我们总结如下（见图 5-2）：

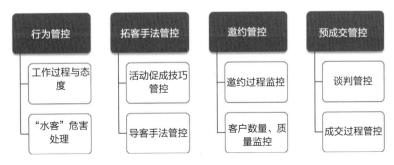

图5-2　渠道管理人员过程管控要点

1. 行为管控要点

（1）工作过程与态度

渠道工作既是脑力劳动，又是体力劳动，一线渠道人员的体力劳动可能占了总劳动量的 80% 以上。而人总是有惰性的，再有狼性的渠道人员也有倦怠的时候，我们主张在 8 个小时工作时间内最大限度地提升拓客效率，然而在实际工作过程中我们发现，很多拓客人员每天拓客时间不足 4 小时，严重影响了拓客计划和目标。

虽然我们应该相信自己的员工，但是"相信"与"管理"并不冲突，作为管理者，理应有这样的头脑提升工作效率，努力消除员工的懈怠情绪,打造一支战斗力十足的渠道团队。

图5-3　渠道人员行为管理四大要点

为了达到目的，我们应该通过哪些手段来管理呢（见图5-3）？

1）开启明确、可及的晋升通道

很多人认为渠道工作的门槛很低，大多数是秉承"骑驴找马"的心态去工作，根本没有打算将渠道工作视为自己的终身事业。其实，这是对渠道工作的误解，渠道营销越来越得到房企的重视，人才也势必得到更加宽阔的平台去施展，碧桂园、融创、恒大等众多营销高管就是从渠道做起的。关于这一点，渠道管理人员都很少意识到，因此作为营销高管，要建立明确、可及的晋升通道，鼓励更多的渠道人员在这一道路上越走越远、越走越宽！

2）通过微信进行动态管理

由于渠道人员的工作是动态的，很多时候管理人员无法进行实时管控，这个时候微信的定位功能完全可以解决这个问题。目前众多企业运用最多的手段是：每半个小时渠道人员要向"群聊工作组"内推送自己的"位置"。为了防止有些人作弊，还要在标志性建筑前拍摄一张自拍照，随同"位置"一起推送。

微信群聊功能不仅可以进行监控，同时也是激励大家、分配工作的高效工具，很多灵活性事务可以在群聊里快速解决，所以每一位管理人员都应该学会运用微信。

3）通过督导进行行为管理

每一个或几个渠道小组应该设置督导一名，主要工作职责是对渠道人员的拓客行为进行动态监督，比如在岗情况、拓客手法、销售说辞、礼品派发、单页派发等情况都必须要实时掌握。

4）制定严明的奖惩体制

对渠道人员的管理类似军队，要奖惩分明，同时更要奖惩及时，对于做得好的组员应该及时予以表扬或物质奖励，对于有消极怠工情绪的组员要及时指出，并且根据行为的恶劣情况予以惩罚，实在无法改进只好劝退，以避免团队整体战斗力受到影响。

（2）"水客"危害处理

有些开发商为了提升案场整体来人量，给每位渠道人员制定了"每月来人指标"、"每周来人指标"和"每天来人指标"，对于拓展来客户的渠道人员还给予一定数额的现金奖励。这对渠道人员和二手房经纪人的确可以起到提高积极性作用，但在利益的驱动下，很多人把无意向乃至随便买来的客户名单进行备案，使得客户质量严重下降，也就是我们通常所说的"水客"袭来!

"水客"的危害是巨大的,至少有三大危害:1)导致开发商佣金支出大幅度增加;2)使内场销售人员的时间成本和管理成本严重超标,无效客户影响销售人员正常的客户跟进,客户转化效率降低,耗费案场资源;3)混淆视听,大量"水客"导致管理层的决策出现失误。

我们认为通过如下三种办法可以解决或减轻"水客"带来的一系列问题:

1)客户评级定奖金

为了淘汰一部分"水客",营销管理人员可以制定一个表格,引导内场销售人员通过多个方面对客户的意向度进行评判,可以设置成为A、B、C、D四个级别,奖励给渠道人员的金额分别为100元、60元、40元和0元,直接将无效客户淘汰。

案场行政人员还必须做好客户统计,对于反复到访案场的"水客"应不予认可,停止发放奖金。

2)签约结佣,减少推荐结佣和带看结佣

碧桂园就是采取这样的结佣模式:①自由经纪人或渠道人员陪同客户到现场,并且当天成交,提供千分之四的佣金;②由自由经纪人或渠道人员提供有意向购买碧桂园房源的客户资料,并促成在30天内成交,提供千分之二的佣金;③客户在30天内没有成交,那么自由经纪人和渠道人员无法获取任何佣金。

3)不拒绝"水客",但合理控制成本

因为案场有客户备案系统,因此某一个"水客"到访售楼处次数再多,也只能被认定为"一次"。对于这部分"水客",公司在费用上可以整体考虑,如果来一个"水客"我们花费了20元钱,就算来1万人也不过20万元,要知道20万元的费用不管做什么活动都是无法达到1万组的来人的。

2. 拓客手法管控要点

(1)活动促成技巧管控

活动是渠道人员导客的重要输出端,除了我们常说的案场暖场、销售类活动外,企事业单位的推介会、团购会等也视为活动重要的组成部分。

管理人员必须时刻监控活动促成情况,这里所说的"情况"并不只是简单的数据,而是要具体到每一个细节:关键人物信息、客户情况、客户特点、购房需求、心理价位等,只有得到了整个团队的支持,活动成功的可能性才更大。

(2)导客手法管控

本书第三章我们介绍了拓展客户的八大技巧,在互联网迅猛发展的今天,所有的技巧已经不再是秘密,"根据客户情况制定出有效的拓客方案"方能显现渠道管理者的真实才能。

而这一点,普通的渠道人员还很难做到,需要我们的管理人员倾囊相授,告诉他们应该怎么做,定期或不定期地召开培训会为他们答疑解惑,没有这些过程管控,没有方向性的指导意见,再强悍的团队也会"筋疲力尽"。

3. 邀约管控要点

（1）邀约过程监控

邀约客户是客户梳理的过程，渠道人员每天在外不辞辛劳地奔波获得的电话号码是弥足珍贵的，然而，获得电话号码只是成交的第一步，客户不到售楼处一切都是徒劳的，因此，每天的邀约工作是必需的。

邀约的理由很多：参加活动、内部认购、特价房等都可以吸引客户，但是客户需要什么样的说辞只有渠道人员知道，管理人员为了更好地帮助员工组织说辞，必须让员工填写"客户邀约进度表"，记录第一次电话到客户成交或未成交的所有过程。

此外，邀约客户的数量必须考核到人，因为很多客户会一而再再而三地推迟到访时间，管理人员应该实时掌握动态，帮助渠道人员提升客户到访率。

（2）客户数量、质量监控

客户的来访情况尤其是通过邀约而来的客户来访情况是渠道管理人员每天晚上需要知晓的数字，一旦与前一天上报来的数据不一致，应该立即与渠道人员谈话，寻找来访量偏少的原因，这一过程虽然会让管理人员很累，但这是必需的且最有效的管理手法。

关于客户质量，可以提供每天销售接待人员填写的"客户意向分级表"来判定，管理人员要把渠道人员邀约来的客户单独分析，通过年龄、区域、购房动机、来访渠道等因素分析拓客手法和拓客方向是否存在问题。

4. 预成交管控要点

（1）谈判管控

不同的企业，不同的组织架构，不同的接待模式，渠道人员的特长是拓客，不是接待客户和促成交易，而内场置业顾问却可以弥补这一缺陷，因此最佳的销售模式是"渠道人员外场拓客＋置业顾问内场成交"，这在一定程度上可以提高成交率，而且可以对整个谈判过程更好地管控。

（2）成交过程管控

由于牵涉到利益问题，有些渠道人员不愿意将自己的客户转交给内场置业顾问跟进，这在管理制度上应该予以支持，但是一定要注意三点：第一，渠道团队内部要培养出销售能力不低于置业顾问的销售人员，专门负责接待来访客户；第二，案场销售经理一定要对谈判及成交的过程充分了解，防止渠道人员因不够专业引起的不必要麻烦；第三，销售期间服务和售后服务是渠道人员的"软肋"，必须通过健全"操作指引"让渠道人员为客户提供优质服务。

还是那句话：渠道管理，没有过程，就没有结果！虽然是一支庞大的"部队"，但是管理人员决不能有长官作风，应该坚持扁平化管理模式，多与一线人员接触与沟通，多了解客户的动态，这才是优秀的渠道管理者应该一贯秉承的工作方式！

[第三节] 渠道的结果管理要点

有了精细化的过程管控,结果管理就显得简单多了,因为过程管控很难用数字量化,而结果管控全部都是可量化的各类指标。再者,把结果管理视为渠道管理的重要环节还有另外一个目的:激发团队战斗力!本节将重点阐述结果管理要点以及数据的运用。

1. 结果管控指标

针对渠道管理,一共有四大类指标,合计 20 余项,如图 5-4 所示。

基础指标	活动指标	销售指标	其他指标
• 派单数量 • 留电数量 • 留电完成率 • Call客数量 • 邀约数量 • 到访数量 • 到访完成率	• 活动场数 • 活动完成率 • 活动参与人数 • 转成交情况	• 认筹数量 • 认筹完成率 • 定金数量 • 定金完成率 • 回款金额 • 回款完成率	• 发展线下经纪人数量 • 拜访客户数量 • 促成商家联盟合作数量

图5-4 渠道结果管控的四类指标及内容

既然是结果管控,那么参照物肯定是计划,管理者主要是将实际完成情况与计划进行对比,最终的考核以"实际完成率"为依据。

当然,项目所处的阶段不同对渠道人员的考核要求也不同,在开盘之前,我们主要对基础指标和活动指标进行考核,开盘之后以销售指标为主要考核依据。

2. 绩效考核办法

(1)单一指标考核法

在非销售阶段,渠道常用的考核办法就是"单一指标考核法",把"Call客"而来的来访量、邀约来访量、活动促成量等作为重要的考核依据,达到一定的比例,其个人及团队可以获得几百元不等的现金奖励,反之,如果来人量不足,则要扣除相应的奖金。当然,我们主张"多奖少罚",通过高额奖金提高团队拓客积极性。

(2)多指标权重考核法

进入销售期后,考核指标变得多了起来,虽然以成交为考核重点,但是拓客工作依然不能放松,此时多指标权重考核法就起到作用了,如本书第一章介绍的碧桂园的考核办法就相对科学。

碧桂园的结果管理中有四个数据非常重要:拓客数量,占比20%;活动促成数量,占比20%;转化或成交数量,占比40%;综合素质,占比20%。如表5-1所示。

考核项目占比及计算依据　　　　　　　　　表5-1

考核项	占比	计算依据
拓客数量	20%	=累计意向客户数(有姓名、电话、购买意向)
活动促成数量	20%	=个人圈层活动数+主导的小组活动数
转来访数量(拓客期间)	40%	=办理会员卡数量
转认筹数量(认筹期)		=认筹总量
转成交量(开盘后)		=成交总额
综合素质	20%	=团队负责人综合评分

他们把每一个单项进行排名,在全员中排名前20%以内的人全部得100分,排名介于20%~40%的人得80分,排名介于40%~60%的人得60分,排名介于60%~80%的人得40分,排名介于80%~100%的人得20分。然后,再按照如下公式算出总绩效:

拓客数量分值×20%+活动促成数量分值×20%+转化或成交数量分值×40%+综合素质分值×20%=总绩效。

(3)建立个人及团队排名制度

为了加强各渠道团队的竞争,营造"你追我赶"的氛围,可以以周为单位,为每一个考核项设置一定数额的奖金,并且按业绩的高低设置排名,值得注意的是,排名最好以天为单位,发送到微信群里,让所有员工可以实时观测到自己的排名,看到自己的差距所在。

如上文说到碧桂园,每周的绩效计算出来之后,排名前五名的渠道人员分别奖励700元、600元、500元、400元和300元;排名末五名的渠道人员分别罚款700元、600元、500元、400元和300元。

另外,"Call客"排行榜、活动促成排行榜、认筹排行榜等都可以实施,让更多的渠道人员享受对于每天的排名,管理人员要在晨会或晚会的时候拿出来宣读,让做得比较好的个人或团队分享他们的经验。在发放奖金的时候,一定要让营销部级别较高的领导发放,以示公司对渠道团队的重视和对表现优异者的赞誉!

3. 集团或区域对地方的结果管控

在以往的营销管理体系中,集团或区域对地方公司或项目公司的渠道管控也常常是浮于表面,随着房地产营销精细化时代的来临,集团或区域公司应该更加注重每一个阶段的结果管控,而且牵涉的面更加宽泛,如拓展人数要求、具体的拓客实施节点、开盘的业绩要求、团队佣金及奖励、代理公司的考核等。

集团渠道管控小贴士:

某集团下发的 2014 年 12 月份新开盘项目渠道管控的通知

一、人海战术人数及指标要求

(1) 大连项目,经地区公司营销主管领导考核合格人数 400 人。

(2) 北京项目,经地区公司营销主管领导考核合格人数 300 人。

(3) 成都项目,经地区公司营销主管领导考核合格人数 350 人。

以上 3 个项目新开盘的销售团队需于 11 月 13 日 12:00 到齐 80%,11 月 17 日 12:00 之前全部到齐。

二、各项目作战区地图及范围(略)

三、具体作战实施节点

(1) 11 月 13 日晚 24:00 之前,各地区公司必须完成拓客所需各种销售道具、销售资料的准备工作,确保拓客工作可顺利开展。

(2) 拓客阶段时间安排——全覆盖拓客、现场开放活动、认筹冲刺、每天总结、调整拓客计划和线上推广。

1) 11 月 14 日起各项目拓展工作全面开展。11 月 14—23 日为拓客第一阶段,11 月 23 日晚由地区公司营销主管领导与项目总监召开总结会,及时调整拓客方案。11 月 24—30 日为拓客第二阶段,以此类推。

2) 各项目分别于 11 月和 12 月的周六和周日组织共计不少于 16 场暖场活动,可根据售楼处开放时间、开盘时间做适当调整。

四、开盘业绩要求及考核

(1) 按照集团书面下发给地区公司的开盘当天销售任务指标,根据开盘当天销售完成率进行额外奖励,完成率 60% 以上的给予代理公司如下奖励:

1) 完成率 60%~70%(含 70%)的,代理佣金按 0.75% 结算;

2) 完成率 70%~80%(含 80%)的,代理佣金按 0.85% 结算;

3) 完成率 80%~90%(含 90%)的,代理佣金按 0.95% 结算;

4) 完成率 90%~100%(含 100%)的,代理佣金按 1.05% 结算;

5）完成率 100% 以上的，代理佣金按 1.2% 结算。

（2）销售团队额外佣金奖励

1）代理及自售项目开盘期间每成功销售一套房屋，奖励 0.1% 佣金给予上述销售团队。其中，佣金的 60% 奖励直接认筹签单的置业顾问，5% 奖励置业顾问所在组的小组长，35% 作为公佣奖励小组内其他工作人员，由代理公司或自售团队制定分配方案。

2）参与自售新开盘项目的所有销售人员（含支援的销售人员），按开盘当天销售额的 0.15% 计发佣金。

3）地区公司或集体营销中心支援自售团队的销售人员，抽调当月在原公司项目的销售额佣金按 0.15% 由原地区公司计发。

（3）代理公司考核处罚

如代理公司新开盘项目开盘当天销售业绩完成较差，完成率低于 50%，则开盘后收回该项目代理权，由公司自售团队承接。

[第四节] 渠道后台工作管理要点

渠道工作每天都会牵涉到大量的数据，为了更好地对渠道的过程和结果进行管控，我们必须将数据进行汇总、筛选、分析和处理，因此我们的渠道团队必须要配置多名渠道助理专门负责后台工作，一般的比例是 10～15 名渠道人员配备 1 名渠道助理。

1. 渠道助理工作职责

（1）渠道助理的作用

渠道助理的主要工作是数据管控，看似简单的数据管控，其实对渠道的整个工作发挥着至关重要的作用（见图 5-5）。

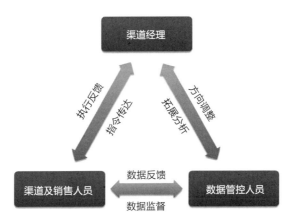

图5-5　渠道部三个工种之间的工作关系

对于渠道经理来说，渠道助理要对拓客的情况进行分析，反馈给渠道经理之后，渠道经理再把调整建议下达给渠道助理。

对于渠道及销售人员来说，他们每天要把数据反馈给渠道助理，渠道助理同样要用数据对他们每天的拓客情况进行动态监督。

（2）渠道助理的工作内容

在很多大型开发商的渠道体系中，渠道助理只是一个统称，渠道助理至少可以再细分为四个工种：数据采集专员、数据整理与分析专员、数据通报专员和行政专员。不管怎么细分，工作的内容总量是一致的，分为专业板块和行政板块两大类。

1）专业板块

①负责收集每个拓客小组每天的拓客数据，数据包括拓客数量、来电数量、来访数量、意向客户数量、活动促成数量、成交量（套数、面积、单价、金额）等；

②负责报告第二天预计来访及成交情况；

③负责统计每周和每月的拓客数据；

④负责统计每个拓客小组的拓客排名情况，并且通过微信进行推送；

⑤负责健全来访和来电客户登记表，并输入销售管理软件；

⑥负责健全客户成交信息表，并输入销售管理软件；

⑦负责与内场助理沟通，甄别客户的来源渠道，保障渠道人员的利益；

⑧负责将各渠道人员拓展的资源进行汇总。

2）行政板块

①负责接收并清点策划部移交的销售资料、行销道具，并且按计划分发给渠道小组；

②负责渠道人员的考勤，并且按月将考勤表汇总至公司行政部；

③负责执行各种类型的奖惩政策；

④负责渠道人员每月佣金和奖金的统计，并且上报营销管理部和财务部；

⑤协助渠道人员对老客户的日常维护；

⑥负责渠道人员的入职和离职引导。

2. 数据管理的具体内容

数据管理需要渠道助理有足够的耐心，看似简单枯燥的工作，却需要渠道助理专注、精细的工作态度。

数据管理主要是通过三种报表呈现的，它们的具体要求如表 5-2 所示。

数据管理的具体要求　　　　　　表 5-2

工作事项		内容说明			
每日短信/微信汇报	内容概述	每天将各拓客小组的拓客数量、来电来访量、意向客户量及客户渠道比例等数据通过短信或微信上报			
	上报流程	各拓客小组	项目数据小组	区域数据小组	集团营销中心
	时间要求	当天 17:30 前	当天 18:00 前	当天 19:00 前	次日 9:00 前
每周效果分析	内容概述	每周填报渠道效果总结，汇总各展点数据并评估各渠道效果及"费效比"			
	上报流程	项目数据小组		区域数据小组	集团营销中心
	时间要求	周日 18:00 前		周日 19:00 前	周一 12:00 前
每月效果总结	内容概述	每月填报渠道效果总结，汇总各展点数据并评估各渠道效果及"费效比"			
	上报流程	项目数据小组		区域数据小组	集团营销中心
	时间要求	每月 1 日前		每月 2 日前	每月 3 日前

3. 数据分析注意点

数据分析对领导决策起到决定性作用，因此该项工作切不可懈怠，那么渠道助理在进行数据分析的时候应该注意哪些呢（见图5-6）？

图5-6　数据分析三个注意点

（1）突出有效和无效的拓客手法，但切忌以偏概全

在数据分析中，要对有效和无效的拓客手法进行重点突出和分析，一旦遇到这两类情况，就要立即与所在拓展小组的负责人取得联系，了解具体的客户情况和操作手法，询问要全面，因为任何一种拓客手法都不是一招制胜的，肯定是具备了很多优势，可能是一句广告语，可能是一种特殊的优惠政策，也可能是较有创意的活动方案。只有掌握了真实的内在情况，才能给管理者提供有效的决策依据。

（2）突出前后数据的变化，但要究其原因

数据的前后比较可以有效地反映渠道人员拓客的有效性，一旦遇到数据有较为明显的变化，渠道助理依然要与渠道拓展小组取得联系，询问变化的理由，比如是不是派单区域发生变化、是不是中介带看起到了效果等，在撰写报告的时候，要对数据变化进行详细阐述，并且转达一线渠道人员的建议。

另外，个人业绩及团队业绩的变化也值得渠道管理人员的关注，这有助于管理人员观测每一个拓客小组的具体工作及其有效性。

（3）突出数据发展趋势，让决策具有前瞻性

在数据分析过程中，有些数据会呈现一定的规律性，尤其是针对某一领域的长期拓展，不同的阶段势必导致不同的效果，这些数据和规律为以后其他领域的拓展工作带来一定的指导意义。

Chapter 6

第六章
豪宅项目的渠道管理

我们在渠道管理过程中发现,渠道营销对刚需产品具有很强的杀伤力,但是对豪宅项目或者改善型产品就不奏效了,其问题的症结不是我们不知道客群在哪里,而是不知道如何接触他们,更不知道他们的兴趣点在哪里。

豪宅项目的渠道工作本质上与刚需盘无异,但一切工作都需要"再提升"!

[第一节] 团队素质的再提升

在很多人看来,房地产渠道岗位的门槛很低,然而对于豪宅项目来说,渠道人员的门槛不但不低,反而会很高,可能有些项目的营销总监都不一定能胜任!

可以这么说,豪宅项目渠道团队要是选对了,营销工作就算是成功了一半!

那么,什么样的渠道团队才能匹配豪宅气质呢?本节将重点阐述。

1. 豪宅项目渠道人员的来源

豪宅的气质是很难培养的,所以,仅靠招聘途径或重塑现有渠道人员都是不可行的,要想招聘到合适的渠道人员,不妨跳出房地产这个圈子,广纳贤才,向每个行业的精英抛出"橄榄枝",同时让他们的资源变为项目的资源。

我们认为,招聘豪宅项目的渠道人员可以从如下职业中选择,见图6-1。

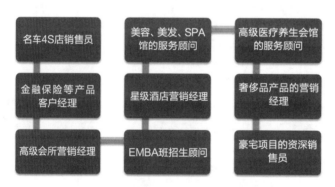

图6-1 适合做豪宅项目渠道人员的九种职业

2. 豪宅项目渠道人员的素质

从图6-1可以看出,适合做豪宅项目渠道工作的基本上是某一个行业的精英,他们首先要有的肯定是高端资源,任何一位没有资源的人都无法胜任这份工作。除了普通的渠道人员应该具备的基本素质之外,我们认为豪宅项目的渠道人员还应该具备的素质见图6-2。

当然,一个人不可能同时具备图中所列的所有素质,但是我们要朝这个方向去努力,哪怕是对每一个领域知之尚浅,只要能够与客户进行交流即可。

星河湾是中国豪宅的标杆企业,前任副总裁梁上燕女士曾抛出过这样的理论:在以前

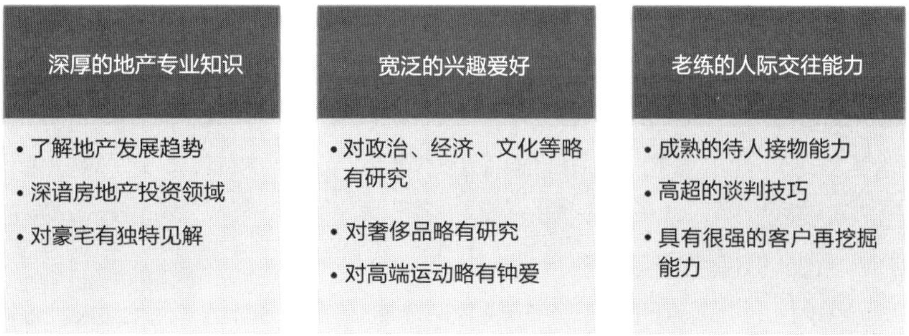

深厚的地产专业知识	宽泛的兴趣爱好	老练的人际交往能力
• 了解地产发展趋势 • 深谙房地产投资领域 • 对豪宅有独特见解	• 对政治、经济、文化等略有研究 • 对奢侈品略有研究 • 对高端运动略有钟爱	• 成熟的待人接物能力 • 高超的谈判技巧 • 具有很强的客户再挖掘能力

图6-2　豪宅项目渠道人员应具备的特殊素质

的营销团队中，通常采用的是"空军＋陆军"模式，空军就是广告公司，陆军就是销售团队。而在星河湾，销售员是"特种部队＋海军"模式。

她的做法是引入"特种部队"，也就是公关团队，他们的职责是做高端客户的公关工作，有的放矢。而"海军"就是像海一样大包围客户的军队，采取"海洋战略"，发掘一切可能的准客户。

除此之外，星河湾在团队培训上别具一格，除了常规的基础知识、销售技巧等方面的培训之外，还邀请礼仪大师、心理学家、奢侈品专家等为销售员和公关团队做专项培训，最值得一提的是，星河湾还借鉴中国陆军"飞龙特种部队"的训练模式，为销售团队展开为期一个半月的销售特训，特训分为新人入营、身体训练、渗透训练、机动训练、侦查谍报训练、实战演练六个阶段，通过这一系列高强度的培训，锻造出一支中国房地产高端销售领域的"特种部队"。

而我们认为以上这些还不够，豪宅渠道人员应该在星河湾的培训基础上再次提升，从政治评论、财经评论、红酒和雪茄品鉴、投资分析等多方面进行深化，通过知识面的拓宽拉近与高端客群的距离。

2008年6月，北京星河湾带着他的特种兵来到了内蒙古、山西，分别在鄂尔多斯与太原举办业主答谢宴；2009年1月11日，星河湾新品盛品名宴在佛山盛大举行；2009年1月20日，由星河湾举行的"2009优客之夜风尚盛典"在沈阳喜来登酒店隆重举行，260位辽宁省政界和商界高端客群如约出席。据统计，在2009年北京星河湾项目的成交客户中，来自陕西、山西、鄂尔多斯、东北、广东、河北等外地的高端客户比例接近50％，和本地的客户相当，而这些外地客户都是营销团队通过"海洋战役"拓展而来的。从这里我们看出星河湾非常重视渠道工作，"多兵种"共同作战，形成了销售军团的强大作战能力。

3. 豪宅项目渠道团队的配置

（1）渠道团队的人数

豪宅项目应该配备几名渠道人员呢？这并没有约定俗成的公式，因为这与项目现阶段货值、客群分布等因素密切相关。不过，从 2014 年中国豪宅销售榜来看，我们发现渠道部（或称为大客户部）的人数基本与项目的档次成反比，即档次越高售价越高，渠道人数越少。如平均单套总价 3000 万元的苏州"绿城桃花源"项目只配备了 8 ~ 10 名大客户经理（渠道人员），而上海的"龙湖蔚澜香醍"项目，均价约 23000 元 / 平方米，渠道人员大约在 20 人左右。

（2）渠道团队的硬件配备

既然豪宅项目的渠道人员要么是"高富帅"，要么是"白富美"，那么他们的拓客工具一定不能够寒酸。

早在 2009 年，郑州市中心某高端项目销售人员的"福利"足以让全国的置业顾问"羡慕嫉妒恨"，公司为她们每一个人量身定制了全身名牌：蒂芙尼的项链和戒指、爱马仕的工作服、阿玛尼的手表、万宝龙的钢笔，就连香水品牌也必须是香奈儿的。这虽然在管理上带来了巨大难度，但是却给客户带来了极大的震撼，豪宅形象得以迅速提升。

2014 年，类似的事件持续升级……

北京某千万级豪宅项目，老板一掷千金让每一位渠道人员加入了各类高端会所的会籍，要求他们平时有事的时候来上班，没事的时候到会所"上班"，主要的工作就是认识各类高端人物。其中有一位员工加入了高尔夫俱乐部，经过三个多月的时间认识了几乎一半的会员，并且大多数人和他成为好朋友，直到半年后大家才知道他是卖豪宅的，他因此获得了丰厚的成交回报！

虽然我们做不到那么夸张，但是一身名牌行头是必要的，一辆拿得出手的车也是必要的，要不然高端客户如何愿意接待一位普通的"渠道人员"呢？

（3）渠道团队的业绩考核

豪宅项目不像刚需盘，它们不需要太多的暖场活动，非潜在客群来到售楼处反而增加了接待压力，影响正常的营业秩序。因此，豪宅项目的渠道考核非常"简单且粗暴"，只有两个指标：来访指标和成交指标。

豪宅项目渠道团队业绩考核小贴士：

苏州某豪宅项目大客户部考核条例

一、大客户部来访考核办法

（1）来访指标按周考核，完成来访指标的奖励 1000 元，每超一组奖励 500 元；

（2）来访指标按周考核，未完成来访指标的罚款 1000 元，每少一组罚款 500 元；

（3）在每周的来访指标考核中，虽然来访指标未完成，但有业绩成交的，只奖不罚；

（4）如果在月度考核中来访指标已经完成，奖励 2000 元，每周考核所罚金额全部退还；

（5）每月完成来访指标且团队第一名，给予额外奖励 2000 元。

二、大客户部业绩考核办法

（1）在规定期间内个人成交1套，给予现金额外奖励3000元；个人完成1套以上，每增加1套追加额外现金奖励3000元；

（2）每月第一个成交的，给予头炮奖5000元；

（3）每周第一个成交的，以定金为前提，奖励2000元；

（4）完成月度指标且排名第一的，给予现金奖励10000元；

（5）小组月度指标完成，大客户经理奖励5000元。

[第二节] 拓客方式的再提升

营销界习惯将豪宅项目的拓客工作统称为"圈层营销",虽然这种说法并不严谨,毕竟"圈层"不是有钱人的特殊称谓,但这是一个约定俗成的叫法,我们暂且将其理解为"狭义的圈层营销"吧。

圈层营销的关键是找到客户、接触客户和经营客户,那么,在实际工作过程中,我们应该如何操作呢?

1. 正确理解圈层营销

(1)圈层营销的运转步骤

圈层营销就是找到有权、有钱、有影响力的一些特定群体,通过定制活动、互动体验、交流分享等途径,与其建立良好的圈层关系,再通过循环运用以上途径,层层挖掘其身边更广阔的人脉关系,高效地在圈层内形成口碑传播,实现对圈层群体的有效覆盖,最终影响其购买行为或达成资源交换。整个运转过程如图6-3所示。

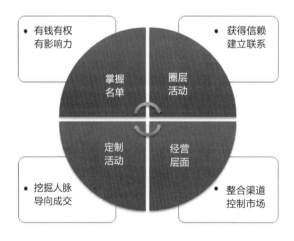

图6-3 圈层营销运转的四个步骤

在圈层营销中,人际关系的经营是核心,也就是我们常说的"服务营销",通过服务提升客户满意度,从而塑造美誉度,巩固客户的忠诚度,其本质与刚需盘的拓展一致,但圈层营销旗帜鲜明地提出将"人"提升到经营高度。

在本章第一节我们提到，豪宅项目的渠道人员数量并不多，但都是精英，他们每一个人的能量都是巨大的，所到之处都是一个"售楼处"，悉心地呵护着"圈"中客户。

（2）圈层营销的误区

说到人际关系的经营，很多人脑海里立马浮现出一些世俗的词汇：攀关系、说好话、请客吃饭等，这是对圈层营销的曲解。在实际工作过程中，圈层营销的误区还有很多，在这里我们严正地指出来，希望众多渠道人员能够端正态度，以"正能量"的心态面对，如图6-4所示。

> 1. 玩圈层就必须要花大钱，请客户吃饭；
> 2. 我的客户都是有钱人，我和他们没有共同语言；
> 3. 圈层的目标客户就是要买房的客户；
> 4. 客户购房之后，这个圈层就无效了；
> 5. 圈层活动必须由公司组织，我个人力量不够；
> 6. 开拓圈层客户就是开拓老业主客户。

图6-4 圈层营销的六大误区

我们的心态应该是这样的：

1）花钱是肯定的，但一定是有节制的，世界上最昂贵的东西往往是免费的，比如亲情、爱情、友情……真正的好朋友很少在星级酒店里吃饭；

2）富人也是普通人，也许他的眼界比我宽，经验比我足，但是在房地产方面，我比他更加专业，我推荐给他的一定是最适合他的房子；

3）圈层是一种影响力，影响力是潜在的购买力，我们要相信，影响力足够大时一定会产生购买力；

4）圈层的影响力没有使用枯竭的时候，只有不懂得挖掘的人才会轻易放弃；

5）有能力的人影响别人，没有能力的人被别人影响，当我可以主持一场精彩的圈层活动时，我就是一个有能力的人，一个有影响力的人；

6）老业主是我们进入圈层的捷径，我们的确该好好维护，但是我们应该把老业主当成是圈层的一部分。

2. 圈层客户的开发

（1）寻找圈层客户的途径

豪宅客群并不难找，平时他们最喜欢去的地方屈指可数，因此，豪宅项目的客户地图比较容易绘制。

对于豪宅项目的渠道人员来说，寻找客户主要有两个途径：一是直接找到有钱人，二是找到那些能接触有钱人的人。那么，有钱人在哪里？非常简单，他们无非是这些人：私营业主、企业高管、政府官员和各行业领袖，他们是各个领域内有话语权的人物，是各商家的VIP客户，他们居住在某区域品质较高的社区里（见图6-5）。

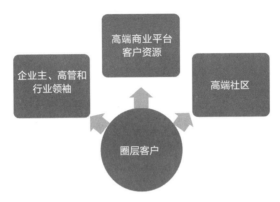

图6-5　寻找圈层客户的途径

目标对象非常明确，"攻击"地点也凤毛麟角，如针对企事业单位、银行、医疗、教育等系统，专门寻找高管以上的人物，如与商会或行业协会合作，主要针对他们的特征开展圈层活动；当然，千万不要忘记老客户的深入挖掘。

能接触到有钱人的人又在哪里呢？本章第一节图6-1中已经列明，如果这些人肯加入渠道团队最佳，如果不愿意加入，尽量说服他们成为我们的编外经纪人。

（2）"种子客户"的开发

刚才我们说到，豪宅客群并不难找，难的是如何接触到这些客群，按正常的思路和中国人普遍的习惯，我们需要一位"引荐人"，或者说需要可以"燎原"的"一息星火"，我们称为"种子客户"，有了他们，我们的渠道工作才能得以顺畅进行。"种子客户"在哪里？我们如何开发？问题的答案还得回到本书一直强调的"资源表"上寻找（见图6-6）。

步骤很简单，第一步是充分利用自己或公司现有资源，找到有可能成为"种子客户"的人，然后上门拜访；第二步是策划部利用媒体资源，持续开发新的"种子客户"；第三步

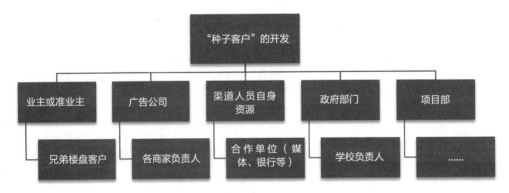

图6-6　"种子客户"的多种渠道来源

是通过"种子客户"与社会圈层建立良性关系，借助其影响力在圈层中引发口碑传播；第四步是通过系列维护手段，引发整个圈层的关注与认同，从而带动销售，并从中挖掘可长期合作的渠道资源。

碧桂园集团将"种子客户"称为"黄金客户"，某些区域公司要求每逢重大营销节点，营销总监或营销经理要亲自带着礼品上门拜访这些客户，以示尊重。

（3）豪宅业主的维护

有豪宅操盘经验的人都知道，在所有营销手法中，"老带新"是效果最佳的手段。因此，如何维护老客户是每一位营销管理人员的重要工作。

与普通客户不同的是，豪宅客户对金钱的敏感性不强，不太会因为开发商的奖金而帮你去接待客户，他们更加看重的是"特权"。他们习惯了在候机楼进 VIP 室休息，习惯了吃饭的时候选择长期固定的包厢，习惯了进咖啡厅时大堂经理热情地叫出他的尊称……这一切与钱无关。因此，我们在进行豪宅项目的客群维护时，这一点尤为重要。如销售人员能否记得他们全家的姓名，能否记得他和家人的生日，能否在他和太太结婚纪念日定制一场浪漫的宴会……这些细微而温馨的细节，能够给客户带来别样而温暖的感受！

豪宅项目业主维护小贴士：

"绿城桃花源"业主维护办法

为了给业主提供更好的服务，增加业主的推荐积极性，苏州"绿城桃花源"项目在 2015 年的营销会议上特意将老客户的再拓展工作提升到重要高度。他们将老客户的关系维系工作细分为四个部分：

第一部分是"基础维系"，由助理负责所有老业主节假日祝福短信、雨雪天气提示短信的发送，以及家庭成员生日礼物的派送；对于业主家庭成员结婚纪念日、生日等家庭重要日子，邀约在项目会所进行私宴。

第二部分是"销售人员黏性维系"，每周至少采取上门拜访、家宴等方式进行客户关系维系工作。

第三部分是"外地客户维系"工作，每月必须对一组外地客户进行上门拜访维系，重点客户在此基础上节假日或业主重要日子必须上门拜访。

第四部分是"活动维系"，组织老业主健走、平板撑、踏青、采摘等户外活动，增加业主和开发商之间的黏性，组织邻里间活动增进业主之间的情感距离。

每月对"老带新"成交比例进行考核，"老带新"成交比低于平均值 60% 的，销售员将停接客户或降低佣金点位。

[第三节]
渠道工作的精准化操作

精准化是渠道拓展工作的最高目标，相对于刚需项目，豪宅项目对客户的精准度要求更高，用打靶做个比方，如果刚需盘需要打7环或8环的话，豪宅至少要打9环甚至是10环。那么，精准化的渠道工作应该如何开展呢？

1. 圈层营销工作指引

经过我们的梳理，圈层营销工作共计有六个步骤，可以用十八个字概括：划圈子、找渠道、抓领袖、搞活动、树品牌和常互动（见图6-7）。

图6-7　圈层营销工作的六大步骤

划圈子。分析目标客户的生活习惯、爱好等行为特征，针对特定客群有目的地进行营销活动。

找渠道。豪宅项目讲究"窄道传播"，研究各圈层信息获取渠道，针对细分的核心渠道来源进行营销推广。

抓领袖。利用核心人物，建立良好的人脉；强化信息的传递，带动目标圈层的注意，扩大项目知名度。

搞活动。针对不同目标圈层的生活模式、心理需求等特征，组织开展具有针对性的活动。

树品牌。让目标圈层对项目产生深度的、良好的认同，在心灵上产生感性的、精神层次的认同。

常互动。利用圈层之间的互动，实现下一主力圈层的进入，在对既有圈层维护的同时，又可以开拓未来主力圈层。

2. 精准的拓客手法

（1）强强联合，资源共享

高端资源在一定的区域范围内是很有限的，而同样作为稀缺资源的豪宅，本身就具有很多不可复制的资源，渠道人员可以利用自身的项目优势，精准锁定一些高端资源，如银行 VIP 客户、高端汽车俱乐部、各类商会等。

如位于广东惠州的碧桂园"十里银滩"项目，嫁接了中国移动的高端客户资源，特意举办了一场"中国移动高端客户滨海一日游"活动，通过亲切交流、别墅体验、参观陪同、午宴、一对一购买引导等方式引起了客户的购买兴趣，让客户感觉"十里银滩"生活舒适、环境优美，正是他们所需要的度假房。最终 47 名客户中，有 8 名客户进行了诚意登记，12 名客户进行了后期电话咨询，取得了很高的效果。

（2）定向推介，精准营销

对相对集中的圈层客户要进行定向推介，以联谊会、老板庆功会等形式出现，实现目标客户的精准传播，同时便于一对一营销模式的开展。

我们还以碧桂园"十里银滩"项目为例，开发商通过人脉资源，邀约保时捷俱乐部会员前往项目进行了一系列体验活动，包括 G65 钻石墅体验、样板房参观、沙滩活动、模特走秀、鸡尾酒助兴等形式，促成后续成交了 1 套价值 770 万元的别墅，而整个活动费用才两万多元，低成本收囊了 50 名高端精准意向客户。

（3）大力发展编外经纪人

对于难以渗透的圈层，通过编外经纪人跟踪，编织巨大的编外经纪人网络，让更多有资源的人为项目服务。

（4）搭建媒体平台，深挖圈层资源

每一个豪宅项目每年都有较大金额的媒体投放费用，我们可以以媒体人为突破口，开拓媒体背后庞大的社会关系资源。

（5）提供定制服务，高端体验制胜

筛选高端客户群体形成特殊圈层，并给予一定的特权，成立某高端俱乐部，依托项目各类配套，打造高端客户体验。为拓客需要，公司可以成立高端体验管理组，设置体验管家、体验策划等岗位，为每一位客户提供针对性的服务，给渠道一个邀约的理由，也给客户一个购买的理由。

3. 圈层活动举办要点

2006 年，为了庆祝泰国国王普密蓬登基 60 周年，25 个君主制国家的国王或王室代表于 6 月 12 日在曼谷聚会，这是有史以来规模最大的世界王室盛会。

此次盛会规模空前，每一个细节都做到了极致：盛会上的服务人员并非平民，只有贵族血统、家世清白者才能有为王室成员服务的"殊荣"；为王室成员关车门的官员被要求关车门时绝不发出"砰"的一声，而是极轻而有力地关上。为国王关门时，这位"车门官"更是谨慎，整整用了 10 秒钟才将车门关上，其程序为：以匀速圆弧线运动将车门一点点掩上，用时 8 秒钟；在车门即将关上之际向车内的国王及王后行礼，随后轻轻地将车门合上，但同时又要保证一次性成功关上车门，用时 2 秒钟。

唯有最高水准的接待规格才能匹配如此高端的"王的盛宴"！豪宅亦如此。我们认为圈层活动一定要具备四大特点，如图 6-8 所示。

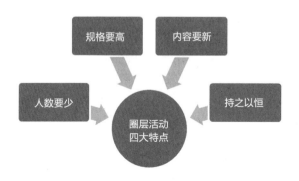

图6-8　圈层活动的四大特点

（1）活动人数要少

2011 年圣诞节，英国女王和菲利普亲王决定举行盛大的圣诞聚会，地点就在女王的私人桑德林厄姆庄园，27 名王室成员应邀出席。

女王最盛大的一次圈层活动参加人数也不过 29 人，对于他们来说，尊贵的也许不是身份，而是席位，但反过来说，席位则代表了身份。

豪宅项目的圈层活动亦是如此，每一个人都习惯用平视的眼光去看待别人，再者，根据我们的调查，中国的富豪是缺少安全感的，他们希望在一个人数相对较少、空间并不是很大的地方参加活动，因此，我们要对每一位活动参与者的身份严格核实。

（2）活动规格要高

一提到"规格高"，很多人脑海里浮现了明星、名表、名车等画面，其实规格的高低与这些东西关系不大，而是与软环境有关，包括服务细节、活动氛围、谈论主题等。

如苏州"绿城桃花源"项目，特意将一座价值数千万元的样板房开辟出来做圈层活动，一楼客厅可以开会、品酒、品茗、赏金鸡湖景，二楼宴会厅则可以就餐和娱乐，为此，开发商特意组建了一支 5 人团队，其中两人是顶级大厨，这支团队的任务就是为业主或潜在客户提供定制化的私宴服务。

（3）活动内容要新

似乎每一次活动我们都在要求创新，要求突破，杜绝复制别人的道路，这本没有错，但是对于豪宅来说，活动的内容非常有限，不可能做到彻底的创新。在这样的情况下，我们建议在尽量不重复的基础上，在充分尊重项目特质的前提下，通过引进先进的理念来给活动注入新的活力。

比如举行一场产品推介会，传统的方式是邀请各个领域的专家对项目进行解读，其实，推介产品的方法有很多，运用高科技手段进行立体展示其效果会更加出人意料，如制作产品宣传片（侧重施工工艺和产品细节），采用 3D 的形式进行播放。

再比如举办一次红酒品鉴会，会上一般会展示世界各国知名品牌的红酒，邀请红酒大师传授品酒技巧，如果再增加一些与红酒搭配的西餐，如法国皇室气泡酒配橄榄，智利翠岭珍藏长相思白葡萄酒配烟熏三文鱼，澳大利亚莎当妮配布里干白葡萄酒配奶酪，法国勃艮第黑皮诺干红配烤鸡翅，法国波尔多河谷尼堡红葡萄酒配牛排等，不仅赋予了品鉴会更多的内容，激发了客户的兴趣，还通过考究的酒与餐的搭配拉高了活动档次。

（4）活动要持之以恒

豪宅的拓客工作切忌心浮气躁、急功近利，因为豪宅的平均成交周期是刚需盘的3.6倍，而且越是好的产品，越需要多次品鉴，品鉴时间越久，越能发现其韵味。

因此，渠道人员在组织圈层活动时，一定要记住"小范围、个性化、多频次"这九个字，以挖掘和整合圈层内的资源为主，尽量减少高额消费类活动。多次举行活动还有一个好处就是可以评判某个客户的意向程度，如果客户很愿意参加你的活动，说明他的意向程度很高，在以后的工作中可以深入接触。

此外，在富豪眼中，豪宅不仅是房子，而且是一个平台，一个生活平台，一个事业平台，甚至是一个人生平台。作为豪宅的操盘者和活动实施者，必须意识到这一点，而圈层活动正是这样一个平台。与其说我们在操作一个项目，不如说我们在为业主们搭建一个个高端的、精彩的、不一样的人生平台！

圈层活动小贴士：

上海某法式豪宅项目圈层活动安排

1~2月活动：

为业主定制"新年全家福"摄影活动；

以定制"年夜饭"为主题（法式家宴）向业主邀约；

新春法国旅游季/世界旅游假日攻略专项咨询活动。

3~4月活动：

邀请知名医疗专家，为业主私人定制春季健康养生咨询活动；

法式合院"名流夜宴"系列活动。

5~6月活动：

"小小钢琴家"大型海选活动；

上海市企业家领袖社会公益慈善拍卖会活动。

7~8月活动：

"名流夜宴"系列活动之业主答谢晚宴；

项目微电影发布会（邀请业主拍摄微电影，诉说他心中的法式浪漫生活）。

Chapter 7

第七章
商业项目的渠道管理

比豪宅项目拓客更难的是商业项目，毕竟豪宅项目的客群有很强的指向性，而商业项目的客群却在茫茫人海中，我们对他们一无所知，让我们无所适从。

研究完所有物业类型的渠道工作之后，我们发现，商业项目的渠道手法实际上是两类项目的结合体：刚需项目的拓客思想，豪宅项目的拓客执行！

[第一节]
商铺投资知识面的拓宽

商业项目的渠道团队组建工作，是一件非常棘手的事情，营销管理人员常常因团队人数、团队人员的素质、人员要求等问题困扰不已。

由于商业地产项目涵盖的物业类型很多，SOHO、独立店铺、写字楼、购物中心、产权式商铺、产权式酒店等全部属于商业的范畴，而且商铺的面积划分不一样导致总价也不一样，因此，我们很难就单一的物业类型来决定渠道团队的人数和拓客手法。

但有一点是业内约定俗成的：总价越小的产品渠道人员数量越多，如小面积的SOHO、写字楼和产权式商铺等，总价与住宅相差无几，客户基数较大，需要大量的渠道人员；而那些大面积的独立店铺、产权式商铺或写字楼产品，总价与豪宅差不多，因此拓客手法偏向于豪宅项目，渠道团队要少而精。

不过，无论是做何种总价段的产品，只要是商业项目，渠道人员必须要掌握一些特殊的专业技能，尤其是投资技能！因为在说服客户投资之前，必须要让自己成为投资高手，而且不能仅限于地产投资领域！

我们认为商业地产的渠道与销售人员需要懂得四大类别的知识，如图7-1所示。

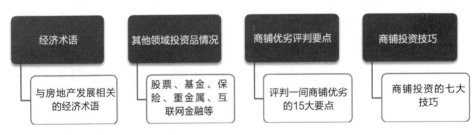

图7-1　商业地产渠道人员应该掌握的专业知识

1. 与房地产发展相关的经济术语

在拓客过程中，为了增强投资者的信心，我们经常会和客户聊一些宏观经济，当然，我们不是经济学家，没有必要特别专业，但是与房地产相关联的经济术语必须要深刻理解，并且可以用通俗的语言与客户交流。

（1）存款准备金率和备付金率

存款准备金率是中央银行重要的货币政策工具。根据法律规定，商业银行需将其存款的一定百分比缴存中央银行。通过调整商业银行的存款准备金率，中央银行达到控制基础货币,从而调控货币供应量的目的。中国人民银行已经取消了对商业银行备付金比率的要求,将原来的存款准备金率和备付金率合二为一。目前,备付金是指商业银行存在中央银行的超过存款准备金率的那部分存款,一般称为超额准备金。

一般来说,存款准备金率下调对房地产业有较大的利好。

(2)通货膨胀和居民消费价格指数

通货膨胀是指一个经济体在一段时间内总体价格的持续上涨。通货膨胀是一种货币现象,是流通中的货币超过了产品和服务所需货币量,它造成的直接后果是购买力的下降。通常,通货膨胀率是用消费价格指数(CPI)来衡量的。这两个概念一般用于说服客户对房价下行的担忧。

居民消费价格指数,是一个反映居民家庭所购买的消费商品和服务价格水平变动情况的宏观经济指标。它是度量一组代表性消费商品及服务项目的价格水平随时间而变动的相对数。

居民消费价格统计调查的是社会产品和服务项目的最终价格,一方面同人民群众的生活密切相关,同时在整个国民经济价格体系中也具有重要的地位。它是进行经济分析和决策、价格总水平监测和调控及国民经济核算的重要指标。其变动率在一定程度上反映了通货膨胀或紧缩的程度。一般来讲,物价全面地、持续地上涨就被认为发生了通货膨胀。

(3)房地产投机与房地产投资的区别

1)动机不同。投资在于追求该资产产生的未来收益,而投机追求的是房地产当前价格与未来价格的差额,赚取资产价格变化的差价。2)持有期限不同。投资一般为长期行为,投机一般为短期行为。3)行为方式不同。投资者一般会遵循需求定律,随着房价的上涨,投资需求减少,而投机体现出价格与需求的正相关特征,房价越高,房地产投机需求越多。

(4)房地产泡沫与房地产周期的区别

1)运动特征方面。房地产泡沫的上升阶段和下降阶段往往很不对称,上升阶段相对比较平滑,而下降阶段则非常陡峭。而房地产周期的上升和下降阶段往往相对比较平滑。2)产生原因方面。"乘数—加速原理"和"滞后理论模型"说明了房地产周期波动是房地产业发展过程中的内在运行规律,我们无法彻底消除房地产周期波动。而房地产泡沫的发生需要一系列条件的支撑,特别是投机者的心理因素和金融政策的支持。

2. 其他领域投资品情况

在说服客户的时候,我们一般会通过"比较法"突出商业地产的优势,表7-1中是国内各种理财产品的具体情况,供大家参考。

表 7-1

产品名称	股票	基金	期货	保险	黄金	银行理财产品	银行储蓄
投资金额	100% 投入	100% 投入	5%~10% 的保证金	100% 强制储蓄	1% 的保证金	100% 投入，5万元或 10 万元起步	100% 投入
变现周期	隔日卖出，变现容易	1 年以上，变现较慢	即时成交，变现容易	变现较难，以风险发生后赔付方式体现	即时成交，变现容易	不同期限的产品都有，但只能到期才能取回本金和利息	随时
投资回报	单向上涨市场收益，一般在 5%～50%	单向上涨趋势收益，一般在 3%～10%	行情受大户影响，趋势不易判断，收益最为不稳定	主要功能不是获取定期的回报率	价值投资，变化趋势遵循市场规律，能获取稳定收益	年收益 4%～6%	定期存款年利率 3.5%
风险管理	风险很高，易被套牢	通胀率较高时风险增大	风险很高，市场不够成熟，风险控制措施不够完善	以备不测之需，无报酬可言	风险控制措施完善，有限价单、止损单、新单挂单等	风险较小，预期收益一般都能实现	风险极低
投资策略重点	适合中长线投资策略	保本为前提，收益率较低	因交割期限制，适合短线投机策略	用于抵御意外和健康风险	既适合投资也适合投机策略	政策监管较强，适合保守投资者	受通胀高低影响较大，不推荐

按照国内目前的行情，商铺投资回报率一般在 2.5%～4% 之间，属于偏低的投资渠道，因此商铺的投资绝对不能仅看投资回报率，而是要着眼于物业本身的增值。

为了将这一问题形象化，营销管理人员应该了解项目周边商业地产近年来的增长幅度，制作成简单易懂的销售资料，让客户对产品有信心。

3. 商铺优劣评判要点

投资商铺与投资住宅有很大的不同，可以说投资商铺是一种艺术，是一门学问，其操作的难度远远大于住宅投资。如果我们将时间的因素考虑进去，住宅投资几乎毫无风险，商铺投资则充满了巨大风险。除了因经济自然发展造成的价值大幅上升，大部分成功的商铺投资行为有赖于投资人敏锐的市场洞察力和对城市规划的先知先觉，以及对经济发展的准确预期。

我们认为评判一个商铺的优劣要看 15 大要素，渠道人员掌握了这 15 点就基本可以将项目的卖点逐一灌输给客户。

（1）地段

地段可以说是投资商铺的第一先决条件，也是决定商铺价值的首要条件。市中心的繁华闹市区可能是商铺最贵的地方，而在偏远的、人迹罕至的临街门面，价值甚至要低于同地段的住宅。繁华地段的商铺虽好，但价格也极高。如果花了过高的代价买到的商铺，其他各方面的条件不好，造成租金太低，投资收益率就会大打折扣。可能还不如地段稍次、但其他各方面条件较好、租金收益也不错的商铺。事实上，确实有很多一类地段的铺面单价和租金收益率都比不上二类地段的铺面。毕竟，最热闹的地方不能与卖东西最多的地方画上等号。

（2）临街状况

商铺正因为临街才称之为商铺，大部分的人不是因为购物而购物，他们是在逛街的过程中产生了购买欲望才发生购买行为，有85%的人会在逛商场的过程中临时改变购买计划。因此，在投资商铺中要注意：尽量购买临大街，人们容易看见，也方便走到的铺面。临大街比临小街要好，在路口临两面街比临一面街要好，走的人多的那一面比较好。当然，这一切必须灵活对待。在市场中的商铺是另一种形式，也许面临的只是一个过道，这种投资除了考虑以上原则，更要多方考虑其他因素。

（3）人流

在决定购买一间商铺之前，可以站在商铺门前，统计每个时段路过的行人有多少。走过的行人越多，该商铺的潜力也就越大。一般不统计路过的车辆，因为行走的人才是购买的主体。但是需要注意的是，绝对不是路过的人多，买东西的人就会多，购买行为与诸多要素有密切联系，人流仅可以作为购买商铺的一个重要指标。

（4）驻留性

想使人们在你这里购物，要看人们愿不愿意在你这里停留。附近没有停车的地方，首先就不能指望会有人来逛，门前人行道狭窄、来往的人流永远只是路过，也不能产生好的销售业绩。要知道，人们都是在悠闲的或受到某种刺激的情况下才容易产生购买冲动，所以，铺面是否让人们愿意逗留，不产生匆忙离开的念头很重要。

（5）购买习惯

你买服装会到哪里去买呢？买电器、买家具、买二手房会去哪里买呢？如果人们买服装都去服装一条街的话，又新开了一条服装街，那么，在这里投资就值得商榷。人们的购买习惯一旦确定，要想改变非常不易。不要以为附近没有同行跟你竞争就沾沾自喜，要知道，大部分的购买行为都发生在成行成市的地方。所以，新开发的商铺一旦定错位，可能面临门庭冷落的风险。

（6）购买力

同样地区的两个小区，一个全是购置的商品房，另外一个大部分是旧房的拆迁户，那么，商品房的小区就具有更大的购买力，生意也会好做，铺面价值也相对较高。犹太人说过："做生意要针对女人与嘴巴。"那么，女人常去逛的地方也就是购买力集中的地方，餐饮比较集中的地方也是购买力集中的地方，有钱人多的地方就更不用说了。

（7）便利性

一个很好的服务，一定要使需要它的人方便地得到。比如说家具市场，如果附近交通不利，那么，如何运输呢？一个不错的酒楼，但是停车位不足；一个非常好的商场，但是要到达，一定要经过两条地下过道。这样的商铺，能令人满意吗？

（8）商圈

每一个繁华的地方，都会形成一定的商圈，那里是人们吃喝玩乐、购物的天堂。

商圈并不一定局限于在城市的商业中心，在一个新型城区形成的时候，一个新的商圈就形成了，往往集中在娱乐场所、餐饮场所或公司集中地。在偏城区，人口密集的地方，也有不同大小的商圈，那里也就是人们活动的中心地带，当然也是商铺赢利的保证。

（9）规划

现在看起来一切都很好，以后会不会改变呢？城市在变迁之中，本来热闹的市场，因为附近居民的迁移，生意可能一落千丈。原来毫不起眼的铺面，也可能因为附近某个市场的兴建而变得炙手可热，价格翻倍上涨。道路的改建、拓宽，城市的整体规划，都对商铺的价值有极大的影响。如果能预先了解城市规划，提前进行投资，可以获得丰厚回报，如果对此毫不关心，必将蒙受巨大损失。

（10）地势

铺面不能低于门前的道路，凹下去的铺面给人感觉不好，也不能上了几级台阶才进入铺面，使人觉得不便。最好是与道路同高或稍高一两级。千万不要小看这一点，根据以往的经验，每登上两级台阶，铺面价值将下降一成。

（11）净高

商铺的净高要超过住宅的高度，使人没有压抑感，当然太高也毫无用处。一般有3.2～3.8米就可以了，大型商场要有更高的空间。

（12）开间

商铺的开间越大，价值越高。门口很小，进深很深的门面价值相应降低。在同等条件下，尽量选择开间较大的商铺。

（13）朝向

尽量避免朝正西或正西南的门面。阳光太烈，会造成商品褪色，空调费也会多出不少。阳光过于刺眼，会影响客户购物感受。

（14）收益率

根据附近商铺的租金，可以了解商铺的投资收益率。年收益率能达到10%以上就很不错了，相对应的就是100万元的商铺年租金在10万元以上。现在大部分的商铺年收益率在4%左右。低于4%的商铺我们认为是较差的，可能还比不上较好的住宅。必须注意的是，专业市场中的商铺收益率应当高一些，因为谁也不能预料得到，一个红火的市场会不会突然冷下来？风险会大于独立的临街铺面。

（15）发展

能够预料到商铺将来的发展，那才是投资高手。人口会不会增多？市场已经建好，会不会红火？一条街都很冷清，有人低价抛售商铺，价格会不会更低？积累长期的经验，拥有对市场准确的判断，超人的胆略，才能获得不流于平庸的业绩。

4. 商铺投资的七大技巧

商铺投资是不动产投资的重要方式，如何使自己的投资更有针对性和科学性，是客户思考的重点，了解一些商铺的投资技巧让自己更专业，以便给客户提出有价值的建议。

（1）商铺投资的目的

购买商业用房的目的大致分为两类：一类是用以出租或转手出售赚取收益。投资者可以一次性付款或按揭贷款的形式支付房款，用按揭形式购买的则可以实现租金供贷款的目的。

另一类是作为资金保值并升值的手段。考虑到通货膨胀、货币贬值、利息下调等问题，银行储蓄收益少；而股票、债券、期货市场摇摆不定；纯住宅投资回报低，而商铺投资的魅力就在于它的长期性和稳定性。此外，有相当一部分自营性质的经营商，为店铺的保值和业务的长期发展而选择购买店铺的策略。尤其是在中心商圈的店铺更受他们青睐，比如设立形象店、旗舰店，展示企业实力、提升企业形象，从而进行品牌传播。

（2）租用还是买产权

商铺可以自用、转让、继承、出租或用于抵押，而以租赁方式取得的商铺相对保障就少得多，尤其是发展前景好的商铺，租金自然水涨船高，经营者额外负担加重，投资收益却日渐减少。其实大部分商业都是"租不如买"的，据统计，一个租户每年 50% 左右的收益是用来支付房租的。

（3）商铺投资方向

根据商铺类型和所在区域可将投资方向划分为：纯商业区店铺、办公楼底商和住宅楼底商。

一般而言，办公楼底商是作为配套使用的，总面积少，价格较低廉，经营业态以餐饮、各类水吧酒吧、副食等为主，业态无法覆盖，人气不是很旺，所以转手或转租的前景相对暗淡。

住宅楼底商一般是为居民区服务，前提是必须有足够的消费人群。现在的社区几乎都有底商，规划布局简单、硬件设施不全、保安系统薄弱，所以价格虽然相对低，但是收益不明显、风险相对更高。

纯商业区内的店铺租售容易、投资收益明显、回收年限相对短，所以倍受青睐和追捧。但是前期价格高，负担重，使一部分人很犹豫。不过现在国内很多城市纯商业区的店铺都为二手或三手店铺，一手店铺非常稀缺，所以一手店铺仍具备足够的升值空间。

（4）商铺投资，几时出手最划算

一般来讲，开发商都会采取预售的形式进行销售。预售也就是期房，此时的价格是相对实惠的，这时购买比较划算。但是必须综合考察开发商的实力和建设周期，因为签署合同后，购买者就要开始还款，而此时尚无法经营或出租，有一段时间是没有收益的。

随着工程进度逐渐加快，开发商一般都会涨价。尤其是中心商圈内的店铺，因为正式营业后前景广阔，开发商是"皇帝的女儿不愁嫁"，到这个时候再购买，付出的就更多。看准项目前景，及时出手，抢先一步往往能占尽先机。

（5）如何选择商铺位置

目前很多商铺投资者往往都陷入一个误区：过分讲究商铺的位置，也就是通常所说的"地脚"。实际上一个成熟的休闲购物中心，"地脚"已经逐渐被淡化。因为有足够优越的购物环境、有效疏导人流的室内步行街，所有的店铺都已经成为一个整体，关键就在于自己的经营特色是否能吸引住人。

当然，室内步行街交叉处、主入口处和 Shopping mall 共享空间的店铺因为先天条件好，每一个逛商场的人都会经过，所以更受追捧，但是价格相对会更高，所以选择时也必须全面权衡。

（6）看准合作伙伴

商铺投资非常讲究"群羊效应"，也就是看主力店。一般来说，经过多年发展、有成熟商业运作经验的商界巨头进驻，都会带来旺盛的人流。

同时，选择邻居的另一方面就是要看商场的整体经营业态。Shopping mall 提供的是"一站购物"的消费模式，最讲究的是业态覆盖，因为只有提供全面的物品，消费者才会长时间停留，而小店铺的业主则可完全分享这些巨头们的成熟经验，更重要的是可以分享人气。

（7）选择有发展前景的商圈

每一个城市都有自己的商业坐标，比如北京的王府井、上海的南京路、广州的中山路北京路、深圳的老街、南京的新街口，它们都是城市中古老的中心商圈，无论世事如何变迁、商圈如何更替，这里的商铺始终都在乐呵呵地赚钱。虽然购买这些商圈的铺位要花费很大的代价，但投资也是值得的，当然，我们的项目不可能选址于这些商圈，那么渠道人员要从未来发展的角度，尤其是政府的未来规划为客户提供专业意见，增强客户的投资信心。

[第二节] 拓客方式的创新

在本章开篇我们提到，商业项目的拓客，需要兼具刚需项目的拓客思想和豪宅项目的拓客执行，这句话应该如何理解呢？

商业项目讲究的是人气，拓客工作不仅是在寻找购买商铺的客群，同时是在进行品牌输出，让社会公众知道在未来这里将出现一座高品质、业态全、人气足、回报丰厚的商业项目，这为商铺销售、招商、未来运营等都能带来很强的感召力，因此，从这方面讲这需要刚需项目的拓客思想。

大部分商业项目的产品价格很高，有的与豪宅价格无异，有的远超过豪宅，因此，它的客群一定是特定的，在拓客方式上和具体执行细节上与豪宅项目有很大的相似之处。

商业地产种类纷杂，不同的物业类型导致拓客方式也不一样，其中总价较高的商铺产品是拓客的难点，本书将就这一产品进行详细阐述。

1. 商铺的客群特征

（1）商铺客群的性格特征

商铺的客群与豪宅的客群有一定的交集，但是基数比豪宅客群要大得多，换句话说，豪宅客群有可能购买商铺，但是商铺持有者不一定拥有豪宅。

不管是何种层次的客群，他们在性格上一定具有三大特征，如图 7-2 所示。

图 7-2 中所提到的"善于利用资金杠杆原理"指的是善于以较少的资金撬动较大的资源为己所用，因此，公司管理层要利用一切金融手段，为此类客户的投融资创造便利条件，在付款方式和贷款条件上提供优厚条件，渠道人员在拓客时要重点突出这一点。

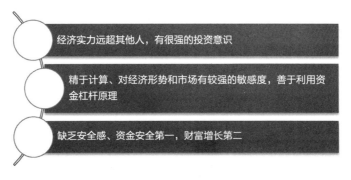

图7-2 商铺投资客群的三大特征

商铺的投资回报率一般在 2.5% ~ 4% 之间，是目前所有投资渠道中回报率较低的一种，但是也是安全系数较大的一种，商铺投资者深谙此道，大部分人在投资商铺时有"养老并传承"的想法，所以在拓客过程中没有必要强调投资回报率，而是其安全性。安全性主要体现在三个方面：政府对区域的远期规划、开发商的运营能力和区域市场消费力。

（2）商铺客群的来源

哪些人有可能购买商铺？据统计，以下八类人群是商铺产品的主力人群（见图 7-3）。

图 7-3 中提到的八类客户中，有一种客户很特殊，但是这类客群基数很大，那就是"没有商铺投资经验，但是对商铺领域很向往的人"，这部分人之前由于资金、眼界等原因没有渗入到商铺投资领域，随着财富的增长，开始着眼于未来。但是该类人群的闲置资金并不多，对于那些总价不太高的商铺较有吸引力。

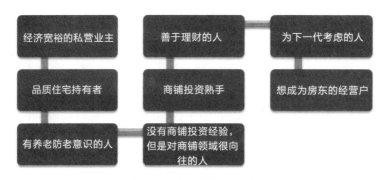

图 7-3　商铺客群的八大来源

2. 商铺的拓客方式

商铺的拓客要比所有项目都难，一切布局要按照刚需盘的策略展开，同时要采取"撒网与钓鱼"并行不悖的手法精准导客。

我们认为，适用于商铺拓客的方式有八种，如图 7-4 所示。

（1）商圈派单

1）适用项目：中高端、中端及中端以下的项目。

2）工作周期选择：基本贯穿整个项目营销过程，派单量最大的时间应选在蓄客期和强销期。

3）拓客范围选择：项目周边和全市重点的繁华区域，人流量和商圈档次是商圈选择的主要标准。

4）工作安排：

①制定一个完整的拓客计划；

②确定拓客人员，并进行相关培训（包括项目基本资料、核心卖点和优势及拓客说辞与技巧），培训完毕后进行相关考核；

③安排拓客周期和时间节点，选择节假日及周末，以及平日里商圈人流量较大的时段；

图7-4 商铺拓客的八种方式

④对拓客商圈进行选取与划分，并事先进行踩点和绘制拓客地图；

⑤拓客人员执行拓客计划，在商圈进行大范围派单，并竭力留取客户信息；

⑥统计每日派单量和留电量，并进行拓客人员工作心得和拓客技巧分享，提高团队士气。

（2）展会挖掘

1）适用项目：高端、中高端和中端项目。

2）工作周期选择：蓄客期和强销期。

3）工作地点选择：大型展会现场（招商会、经济技术交流会、投资研讨会等）。

4）工作目的：通过展会向目标人群准确传递项目情况，并现场拉客。

5）工作安排：

①事先与展会组织方联系，争取有利展位（如果在房展会上，位置选择避免与优于自身的项目相邻；如果展会为车展或者珠宝类展览则选择明显位置，此类展会更加适合高端和中高端的项目参加）；

②制定出众的形象设计，在展会上区别于其他同类型项目；

③安排渠道人员在展会中发力，与参会的商家和客户多沟通，现场完成客户信息登记和导客的工作。

（3）油站夹报

1）适用项目：主要针对中高端项目和投资型项目。

2）工作周期选择：以蓄客期为主。

3）拓客人员选择：前期与加油站协调工作由策划人员负责，后期物料派送由拓客人员和销售人员负责。

4）拓客范围选择：项目所属区域内和周边商圈内的所有加油站，以及城区范围内到客率较高的加油站。

5）工作安排：

①分析各加油站的到客情况，尽量选择到客率高的加油站进行合作；

②派渠道人员前往各加油站进行合作沟通，向加油站内人员阐明合作要求，并对其进行简单培训，最好能给当时感兴趣的客户简单介绍项目的基本情况，同时留下客户的联系方式；

③准备好各项物料，包括夹报和小礼品等，定期对合作的加油站进行物料补充。

6）招式特点：

①本招式对客群的把握相对较精准，加油站针对的客群是有车族；

②通过加油站派送宣传品，就很容易锁定这部分高端人群，把产品信息迅速传达给高端客户，中间没有任何停留，没有任何中间环节，迅速而有效；

③直接锁定有消费能力的客户，广告浪费少，节省费用，有效性高；

④由加油员一对一派送，中间不停留，迅速到达目标客户手中。

（4）商场巡展

1）适用项目：所有项目类型均可。

2）工作周期选择：蓄客期及强销期。

3）拓客范围选择：项目周边一定距离半径内的重点商场、商业中心、重点市场和其他重点公共场所；交通动线范围内的目标场所。

4）工作安排：

①根据项目实际情况选择相应的百货商场或卖场，并联系场地以及相关道具的安排；

②制定巡展顺序和时间表，按照节奏展开；

③将拓客人员分为固定接待和流动派单人员，前者负责展台的接待登记工作，后者则负责展台周围及卖场内的派单宣传工作；

④若条件允许，最好在每个展点安排看房班车，能够及时有效地接送意向客户看房。

（5）商户直销

1）适用项目：适合所有项目，但更适合普通住宅、投资或自营类项目，尤其是小型项目。

2）工作周期选择：蓄客期及强销期。

3）拓客范围选择：项目周边及城市各类型专业市场，如建材市场、家电市场、食品市场等。

4）工作安排：

①收集整理规定区域内的各类商业市场的资料，选取目标市场，并作详细的调研了解；

②安排拓客人员进行直销拓客，拓客分组进行，最好进行人员与市场的固定分配，便于后续的持续耕耘，培养客源；

③针对比较有意向的商户进行长期重点追访，并对区域内比较有影响力的商户进行重点进攻，深挖潜在客户。

（6）商家资源联动

1）适用项目：适合所有项目，尤其是高端项目。

2）工作周期选择：项目营销全过程。

3）联动范围选择：与项目目标客源相吻合的相关商家、机构或团体，如车友会、教育协会、奢侈品展览会等。

4）工作目的：通过与其他商家进行联动，达到资源共享、互利互益的目的。

5）具体办法：收集客源资料，陌拜或利用互动的活动接触客户并促进客户对项目产生意向。

（7）大客户拜访

1）适用项目：高端、中高端、中端及中端以下项目。

2）工作周期选择：项目营销全程。

3）拓客范围选择：政府行政机构、医疗和教育机构、大型企事业单位、市内办公人群聚集区、市内个体商家聚集区。

4）工作安排：

①针对项目情况，确定项目周边潜在客户所在的各个企事业单位、商务办公区域等；

②以2人为一组，到目标客群的活动场所进行拜访，携带项目相关形象展示手册，与客户进行深谈，了解客户详细资料，了解目标人群意愿，辨别意向程度。

（8）精准电话邀约

1）适用项目：所有项目类型均可。

2）工作周期选择：项目营销全过程。

3）拓客范围选择：寻找到企业家协会、各市场商户、别墅客户的名册，以活动为邀约理由，打电话给他们寻求上门拜访的机会。

[第三节] 招商与销售并举的拓展模式

在商铺的实际拓客工作中，我们会感到非常吃力，的确，渠道团队销售商铺本身就有一定的难度，因此，营销管理人员应该考虑是否可以将渠道团队的功能扩大。

商业地产难在招商，何不让渠道人员在外拓的同时肩负起招商的职责？

1. 招商的范围

很多人认为招商是很专业的事，让渠道人员去做并不合适，一来我们可以通过高强度的培训加强渠道人员的专业素养，二来我们可以安排渠道团队做一些"非专业性"的招商。什么是"非专业性"的招商呢？如图7-5所示。

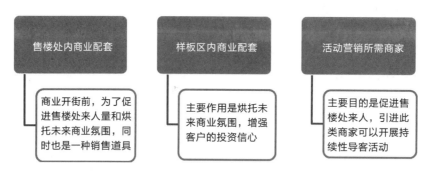

图7-5 适合渠道人员做的招商范围

（1）售楼处内商业配套

现在很多商业项目的售楼处越做越大，为了增强客户的体验感，需要将售楼处的某些功能区开辟出来，为客户提供超值服务，为圈层客户开辟专属服务领地。

如品牌咖啡馆、儿童益智游乐区、红酒吧，甚至是德国黑啤酒吧等业态均适合在售楼处选址，这些商家可以对外营业，但更多的是与开发商合作，为客户提供服务。

（2）样板区内商业配套

很多商业项目体量巨大，在正式开街之前需要商业氛围进行烘托，为招商、销售、运营等造势。渠道人员可以先和一些商家接触，率先引进一些商家，但是这些商家一定要有品牌影响力，拥有强大的聚合性。

（3）活动营销所需商家

售楼处日常暖场活动是策划人员最伤脑筋的事，既要有充足的来人量，又要控制成本，还要活动"高端大气上档次"。如果每场暖场活动都经历策划、审批、实施、拆除等繁复的程序，策划人员的工作量甚是巨大。我们为什么不能借助商家的力量呢？

如果有些商家只需要开发商提供免费的场地，而且商品又足够的吸引人，以上这些问题岂不是迎刃而解了？

如上海某开发商就动起了这个脑筋，他们在售楼处开辟了一整层空间用于"动漫气球年代秀"活动（见图7-6），开发商只需提供场地，并且购买一定数额的门票赠送业主即可，此次活动历时3个月，吸引了约10万客户的光临，为售楼处带来了巨大人气，大大地降低了来人成本，更值得一提的是，所有客户均对该商业项目的未来前景表示乐观，为后期商业运营注入了强大动力。

图7-6　精彩的动漫气球年代秀

2. 渠道招商注意事项

（1）招商所需资料

虽然是"非专业"级别的招商团队，但是在客户眼中他们代表的就是公司，因此，在装备上一个都不能少，公司至少要为他们准备以下9种招商资料：

1）项目楼书及招商资讯；

2）群楼的主体布局、主体之间关系（项目主体的平面图、铺位划分、通道划分、单铺面积、柱距、距网等）；

3）招商方案、招商业态定位以及招商业态之间比例；

4）招商方案预案（包括群楼布局、安排以及各楼层业态的初步划分）；

5）主体楼面价及各楼层的销售、租赁（意向）价格范围；

6）商业业态的消费人群定位；

7）商业业态经营方式定位；

8）初步制定商业通用利益,包括租期、租金、管理费、租金及管理费的收取方式、装修期、免租期以及其他的优惠措施；

9）了解公司的愿望和期望值。

（2）激励措施的制定

渠道人员做招商其实是一种额外劳动，因此，必须制定诱人的激励措施才能诱发他们的积极性。一般来说,招商人员的佣金是分为四个方式结算的:1)按签约总金额的1%~2%结算;2)提取半个月到一个月的租金作为佣金;3)按首次签约回款额的5%~10%结算;4)按每平方米若干元乘以租赁总面积进行结算。

但是这四种方式均不适用于渠道人员,因为很多时候渠道人员引进的商家是通过资源的互换无偿获得的,建议采取的方式如图7-7所示。

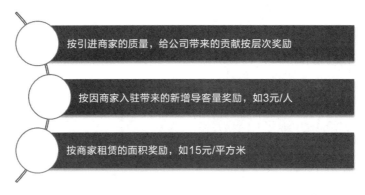

图7-7　渠道人员招商的三种激励措施

招商与销售并举的拓展模式不仅存在于商业地产项目中,住宅项目同样适用,只不过这些工作一向归口于策划部门而已。在一些疑难项目的营销过程中,开发商不妨采用这种方法,将渠道的功能放大,可以给项目带来出人意料的效果。

后记

把这本书完成的时候,已经是凌晨时分……

以前每到交稿之时,我总会如释重负,但这次我竟然没有丝毫轻松之感。

直到现在,我才明白为什么市面上至今没有出现类似题材的书籍,因为它的确很难写!

房地产渠道管理,大多数人认为深谙此道,其实知之皮毛,包括我在内。

大凡有房地产营销管理经验的人都能大谈特谈三天两夜,但是我们在实际操盘过程中遇到的问题又何止万千,又有哪些招数是可以真正化解问题的呢?

因此,房地产渠道要想成功不在招数,而在内功!

修炼内功的核心是对"人"的把控,包括团队的素质管理、情绪管理、过程管理、结果管理等,还包括对潜在客户的接触、挖掘、再挖掘……可以这么说,能做好房地产渠道营销的人,不仅是一名优秀的营销管理者,更是一位深谙人性的大师。

这本书,也只是讲了皮毛而已……

如果此书能给大家的工作带来些许帮助,对我已是莫大的安慰;如果没有,还望见谅,毕竟为此我已耗费无数个日日夜夜!

祝福大家,祝大家在新秩序下的房地产市场中寻找到新的模式、新的突破点,创造更加辉煌的业绩!